多元化纠纷解决模式之人民调解在浙江的实践

尹 力 编著

浙江工商大學出版社
ZHEJIANG GONGSHANG UNIVERSITY PRESS

图书在版编目(CIP)数据

多元化纠纷解决模式之人民调解在浙江的实践 / 尹力编著. — 杭州 : 浙江工商大学出版社，2016.1(2017.3 重印)
(法治浙江丛书)
ISBN 978-7-5178-1451-1

Ⅰ. ①多… Ⅱ. ①尹… Ⅲ. ①民事纠纷—调解(诉讼法)—研究—浙江省 Ⅳ. ①D927.550.511.44

中国版本图书馆 CIP 数据核字(2015)第 300564 号

多元化纠纷解决模式之人民调解在浙江的实践
尹 力 编著

出 品 人 鲍观明
责任编辑 刘 韵
封面设计 许寅华
责任印制 包建辉
出版发行 浙江工商大学出版社
(杭州市教工路 198 号 邮政编码 310012)
(E-mail:zjgsupress@163.com)
(网址:http://www.zjgsupress.com)
电话:0571－88904980,88831806(传真)
排 版 杭州朝曦图文设计有限公司
印 刷 虎彩印艺股份有限公司
开 本 880mm×1230mm 1/32
印 张 5.125
字 数 138 千
版 印 次 2016 年 1 月第 1 版 2017 年 3 月第 2 次印刷
书 号 ISBN 978-7-5178-1451-1
定 价 28.00 元

浙江工商大学出版社营销部邮购电话 0571-88904970

《“法治浙江”丛书》编委会

序　言

党的十八届四中全会通过的《关于全面推进依法治国若干问题的决定》明确提出全面推进依法治国的总目标，即建设中国特色社会主义法治体系，建设社会主义法治国家。习近平总书记指出："提出这个总目标，既明确了全面推进依法治国的性质和方向，又突出了全面推进依法治国的工作重点和总抓手。"法治成为政府治理、国家治理、社会治理的根本手段，同时法治又是人类共同追求的崇高理想目标。

中外历史经验表明，在国家法治建设的进程中，难免会遭遇种种困难，理论的争锋、观念的冲突、旧制度的阻挡，以及利益的再分配，都会使法治建设的推进不是一条坦途大道。推行法治者不但需要义无反顾的壮烈情怀，还需要一往无前的探索勇气。

苏力教授在《法治及其本土资源》一书中说："真正能得到有效贯彻执行的法律恰恰是那些与通行的习惯、惯例相一致或相近的规定。"确实，实现法治的基本要求便是法律的有效执行，要使其融入民众的生活，就必须充分利用本土资源。这便是说，法治之路离不开地方性的探索与实践。

浙江是改革开放的先行者和排头兵，是中国经济社会发展最具有活力的省份之一，而且在法治建设方面浙江也一直敢立潮头，勇于实践。

2003年8月起，在时任省委书记习近平的推动下，浙江省实行领导干部下访制度，变群众上访为领导下访，成为"法治浙江"建设的重要载体。2005年，省委十一届九次全会，通过《中共浙江省委关于制定浙江省国民经济和社会发展第十一个五年规划的建议》，明确提出要"以推进'法治浙江'建设为载体，努力建设民主健全、法治完备、公共权力运行规范、公民权利切实保障的法治社会”。2006年，省委十一届十次全体（扩大）会议，又审议通过《中共浙江省委关于建设“法治浙江”的决定》。会议指出，省委提出并推进“法治浙江”建设，是根据中央的决策部署，对浙江现代化建设总体布局的进一步完善。2014年12月4日，省委十三届六次全会通过了《关于全面深化法治浙江建设的决定》，浙江进入了法治建设的快车道。

自习近平同志在浙江省提出“法治建设”决策近10年来，全省各地、各部门扎实推进“法治浙江”建设，依法执政水平明显提高，科学立法、严格执法、公正司法、全民守法等各方面均取得显著成效，走出了一条经济发达地区法治先行先试的新路子。今天，站在新的历史起点上，面对新的形势任务，浙江人民在浙江省委的领导下，乘势而上，浙江省委就全面深化“法治浙江”建设做出新的部署，明确了“路线图”，确定了“时间表”，全面推进“法治浙江”建设正向纵深发展。

宁波大学法学院的老师们受浙江省社会科学界联合会的委托，着手撰写“‘法治浙江’丛书”，旨在探寻“法治浙江”建设的曲折历程，展示“法治浙江”建设的丰富内容，揭示“法治浙江”建设的基本规律，总结“法治浙江”建设的成功经验与发展障碍，谋划“法治浙江”建设的新思路、新方案、新路径。

经过近一年酝酿策划、调研讨论和分工撰写，代表这一研究成果的十一个课题成果以丛书形式呈献给读者。相信这套丛书的出版，能让全国乃至世界了解“法治浙江”建设成果，同时也希望能够引起浙江乃至全国法学界、法律界人士总结“法治浙江”的经验，思考“法治浙江”的未来趋势，与我们一起共同把这一个课题做得更好、更深。

是为序。

沈满洪

2015年11月5日

注：作者为宁波大学校长

前　言

人民调解制度是从我国传统的民间调解发展而来,是在我国的社会发展进程中逐步形成的。它始终与国家司法程序并行不悖、相辅相成,是一项具有中国特色的对当事人免费而由国家财政提供经费支持的解决民间纠纷与维护社会稳定的法律制度。调解制度关注人本身,其生命力在于采取积极措施,克服通往正义之途的种种障碍,对当事人的主张和立场做说服和劝导工作。[①] 因此,作为调解制度典型代表之一的通过说服、疏导等方法以促使当事人在平等协商基础上自愿达成调解协议从而解决民间纠纷的人民调解制度,长期以来在推进基层民主自治、化解矛盾纠纷、维护基层社会和谐稳定中发挥了重要的作用,人们把人民调解员亲切地称为"老娘舅",人民调解因此被称为平安建设的第一道防线,并在国际上享有"东方之花"的美誉。在我国的纠纷解决模式中,人民调解一直处于一个无可替代的地位。在我国当前着力构建多元化纠纷解决机制的大背景之下,各地在实践中积极尝试将人民调解与其他纠纷解决方式进行各种衔接,于是在整个纠纷解决机制中人民调解更是被推到了一个显要的位置上。因此,人民调解是我国法制现代化进程中当之无愧的本土资源,显示出强大的生命力和独特的优越性。

20 世纪 80 年代至 90 年代初,随着法制发展和诉讼高潮的到来,我国的人民调解制度曾一度衰落。然而,实践表明,仅仅依靠

① 季卫东:《调解制度的法律发展机制——从中国法制化的矛盾情境谈起》,载强世功编:《调解、法制与现代性:中国调解制度研究》,中国法制出版社 2001 年版,第 42－43 页。

诉讼方式难以满足解决纠纷的需求，尤其是那些发生在基层的微小的纠纷。相反，在法治基础上建立一种多元化纠纷解决机制更符合社会和法治的可持续发展的需要。正是基于这样的需要，从20世纪90年代后期开始，我国对人民调解制度采取了一系列的改革措施，使其得到了极大的发展与完善。

2000年，中共中央社会治安综合治理委员会提出“要高度重视矛盾纠纷排查调处工作”，调解方式以及人民调解组织的社会功能再次受到重视。同时，社会开始重申调解在加强道德和精神文明建设、增强社会凝聚力方面的重要价值，这预示着我国的人民调解又一个发展时期的到来。与此相配合，司法部、民政部及其他相关部门都在协同积极推动城市社区建设、社区法律服务工作以及农村的基层法律服务。人民调解制度也逐渐成为近年来理论研究关注的热点问题，行政部门组织了大量的专题研究或者召开相关的会议，肯定与推广了实践中出现的人民调解新经验，如“护城河工程”“大调解格局”等。2002年9月，中办、国办转发了最高人民法院、司法部《关于进一步加强新时期人民调解工作的意见》，对如何加强人民调解工作做了具体布置。最高人民法院出台了《关于审理涉及人民调解协议的民事案件的若干规定》，以司法解释的形式明确了人民调解协议的性质和法律效力。司法部制定并公布了《人民调解工作若干规定》，重申了人民调解的性质，并对人民调解委员会的工作范围、组织形式、调解行为和程序等做出了具体的规定。这三个文件明确人民调解的工作领域，对调解协议的性质、调解组织的专门化、调解人员的素质、调解程序的规范化做出了明确的规定。2010年我国颁布了《中华人民共和国人民调解法》，对人民调解委员会、人民调解法、调解程序以及调解协议等进行了规定，更好地保障人民调解协议的履行；2012年《中华人民共和国民事诉讼法》在第十五章第六节中专门规定了确认调解协议案件的相关法律规范，从程序法的角度一定程度上解决了调解协议的履行问题。关于人民调解的上述法律法规的制定和实施，标志着我国人民调解的制度建设进入了一个新的发展阶段，人民调解制度越来越走向规范化、制度化，人民调解工作由此也进入了一个新的发展阶段。2014年，党的十八届中央委员会第四次全会通过的《中共中央关于全面推进依法治国若干重大问题的决定》，明确要求“健全社会矛盾纠纷预防化解机制，完善调解、仲裁、行政裁决、行政复议、诉讼等有机衔接、相互协调的多元化纠纷解决机制”，由此，在构建我国多元化纠纷解决机制的大背景下，人民调解这种纠纷解决方式由于其在我国的纠纷解决实践中悠久的历史、良好的社会效应、程度极高的社会认同度，其作用再次得以强调。2015年4月1日，厦门市十四届人大常委会第二十五次会议审议通过了《厦门经济特区多元化纠纷解决机制促进条例》，其中就人民调解与其他纠纷解决机制的衔接进行了规定。作为全国第一部与多元化纠纷解决机制相关的地方性法规，该条例已于2015年5月1日起在厦门经济特区范围内施行。

从整体上看，浙江省积极开展人民调解实践，通过开展多种形式的人民调解实践并通过其取得的良好的社会效应，已在社会上营造出了“发生矛盾纠纷，寻求人民调解”的良好氛围，在新的时代背景和新的社会变革中，为我国的人民调解制度注入了新的生机与活力。作为宁波市人民调解制度在法规建设方面的标志性成果，作为浙江省首部相关地方性法规，《宁波市人民调解条例》的通过和实施对宁波市人民调解制度的成熟与完善具有特别重大的意义。《宁波市人民调解条例》于2015年3月27日经浙江省第十二届人民代表大会常委会第十八次会议批准，已于同年6月1日起施行。该条例全文共36条，与《人民调解法》条文内容较为笼统相比，其在人民调解工作的多个方面做出了具体规定，主要有六项重点内容，包括明确了各级人民政府及工作指导单位的责任，明确了行业性、专业性人民调解工作的相关内容，明确了人民调解组织的备案制度及运作规范，明确了纠纷的受理范围及管辖，明确了人民调解与行政调解、司法调解的工作衔接机制，以及明确了人民调解工作的保障机制。这是对宁波市人民调解实践的一种立法回应。浙江省其他地方也在人民调解的实践中积极地进行着各种有益的尝试,传统的"枫桥经验"继续焕发着勃勃生机,新的经验不断涌现,浙江省人民调解实践的鲜活画面跃然眼前。

本书试图从三个不同的角度对浙江省的人民调解实践进行述评。首先,选择近年来频繁发生的医疗纠纷、劳动纠纷和交通事故引发的人身伤亡损害赔偿纠纷,重点对这些纠纷在以人民调解方式解决时形成的典型实践进行介评;其次,对浙江省独具特色的人民调解实践进行了尽可能全面的展示,涉及著名的"枫桥经验"、义乌的涉外纠纷的人民调解实践等;最后,为了呈现人民调解在多元化纠纷解决机制中的地位和作用,对其他纠纷解决方式与人民调解方式的对接或衔接进行综述,也仍然是以各种对接或衔接中的典型实践为重点。如此,希望对于浙江省人民调解实践的展示是全方位和多角度的。

基于上述思路,本书编者通过实地调研的方式收集了相关资料,调研单位涉及浙江省司法厅,各级司法局、司法所,多个人民调解委员会以及基层法院等,调研城市涉及宁波市及其所辖的北仑、鄞州等区和余姚市,杭州市,绍兴市及其所辖的诸暨市,金华市及其所辖的义乌市,温州市,等;调研所获资料种类繁多,包括有关规范性文件、相关工作汇报和总结材料、案例资料、相关统计数据以及座谈记录等。收集了包括有关规范性文件、案例、相关工作总结、相关数据、座谈记录等在内的资料。所涉典型实践的选取主要根据在对浙江省司法厅主管人民调解工作的基层工作处的调研中所了解到的全省人民调解工作的信息,地点集中在宁波、温州、金华等地。相关典型实践都是由于成效显著而大多经由全省现场会议的召开而予以推广,或为主流媒体广为宣传,例如义乌市的涉外纠纷人民调解委员聘请外籍调解员成功调解涉外纠纷的实践,于2015年2月经中央电视台新闻联播报道之后引起各种媒体的追捧,至今热度未减,司法部也已前往录制了相关视频资料。需要说明的是宁波大学硕士研究生秦红嫚、董丽萍、李苗苗、张健、吴祥、王丽君、陶冉等同学参与了调研工作,并承担了本书所涉资料的整理和录入工作,具体分工如下:

第一部分:医疗纠纷的人民调解实践由秦红嫚和陶冉负责,劳动纠纷的人民调解实践由吴祥负责,交通事故损害赔偿纠纷的人民调解实践由李苗苗负责。

第二部分:关于人民调解的“枫桥经验”由张健负责,义乌市对涉外纠纷和余姚市对涉及外来务工人员纠纷采取的“以外调外”人民调解实践由董丽萍负责。

第三部分:诉调对接的实践由吴祥负责,交调衔接的实践由张健负责,警调衔接的实践由李苗苗负责,行政仲裁与人民调解的对接由王丽君负责。

目　录

第一章　浙江省典型纠纷的人民调解实践

第一节　医疗纠纷的人民调解实践：以“宁波解法”为例

随着社会经济的快速发展，人民物质生活水平得到不断提高，开始越来越重视身体的健康，随之对医疗资源的需求也越来越大。为了解决医疗资源分配不均问题，国家出台了一系列的政策，比如“大病医保”“统筹城乡医疗发展”“建立医疗保险制度”等，这些举措有利于医疗资源的初次分配。然而，医疗并不仅仅是资源分配的问题，还伴随着高风险性，因此，医疗纠纷是医疗事业不断发展之下的必然产物。医疗纠纷解决的效果直接关系到社会的稳定，为促使其更好地得到解决，浙江省各地方政府职能部门都结合了各自的区域特色和自身经验，发展并逐渐完善了多种医疗纠纷解决模式，其中以“宁波解法”具有典型性和代表性，它以人民调解这种解决纠纷方式作为基础和依托，取得了非常好的社会效应并名扬全国，为医疗纠纷的解决提供了成功经验。

一、医疗纠纷的含义界定

在我国，对医疗纠纷的概念从学理意义上进行界定而形成的定义主要有如下一些：

第一，医疗纠纷属法学范畴的概念，泛指医疗过程中因各种原因造成患者的非正常死亡、残疾、组织器官的损伤、功能方面的障碍或病情加重等不良后果；或者患者方面因缺乏医疗知识，对本来是正确的医疗过程而提出非难或纠缠医疗方面问题而发生的诉讼行为。①

第二,医疗纠纷是指由于病员及其家属与医疗单位双方对诊疗护理过程中发生的不良后果及其产生的原因认识不一致而向司法机关或卫生行政部门提出控告所引起的纠纷。②

第三,医疗纠纷是指患者或其亲属认为医疗单位或者医护人员提供的诊疗护理服务有过错并造成患者人身、财产、精神损害的后果而与医疗单位或医护人员或卫生行政主管部门或医疗事故鉴定机构之间产生的争执。③

上述概念普遍存在含义不够清楚、用语不够准确、与实践状况存在一定脱节等问题。实际上,以实践的视角,在不同的历史发展阶段,我国的医疗纠纷有着不同的含义,因此,有必要对此进行梳理,才能了解医疗纠纷解决方式上的现状。

第一,将医疗纠纷等同于医疗事故纠纷的阶段,具体体现在国务院《医疗事故处理办法》和《医疗事故处理条例》之中。1986 年 6 月 29 日,国务院出台了《医疗事故处理办法》(以下简称《办法》),该《办法》严格限制医疗事故责任构成,明确规定只有在构成医疗责任事故和医疗技术事故时,受害患者一方才可以请求赔偿,明确规定医疗机构即使存在医疗差错也不承担赔偿责任,因而受害患者的很多损害无法得到应有的救济。④ 国务院在之后发布的《关于〈医疗事故处理办法〉有关说明》中更是强调,医疗事故必须存在过失行为,且构成医疗过失行为必须具有违法性和危害性双重特点。2002 年 6 月 4 日,国务院将《办法》修订为《医疗事故处理条例》(以下简称《条例》),并于 2002 年 9 月 1 日施行。《条例》在一定程度上加大了对患者权益的保护,但并未从根本上扩大医疗纠纷的范围,

① 李运午:《医疗纠纷》,南开大学出版社 1987 年版,第 8 页。

② 梁华仁:《医疗事故的认定与法律处理》,法律出版社 1998 年版,第 1 页。

③ 王才亮:《关于医疗事故的认定与法律处理》,法律出版社 2002 年版,第 3 页。

④ 杨立新:《侵权责任法》,北京大学出版社 2014 年版,第 299 页。

医疗纠纷仍然等同于因医疗事故而产生的纠纷。例如,《条例》第四十九条第二款规定:“不属于医疗事故的,医疗机构不承担赔偿责任。”虽然有观点认为应对该条款进扩大解释,即不属于医疗事故,但符合《民法通则》及其他法律规定的责任要件的,医疗机构仍应当承担违约、侵权责任。不过,这样的解释并无法律效力,并不能改变《条例》的相关规定。

第二,将医疗纠纷等同于医疗事故纠纷加医疗过错纠纷的阶段。最高人民法院于2003年1月6日出台了《关于参照〈医疗事故处理条例〉审理医疗纠纷案件的通知》(以下简称《通知》),第一条规定:“《条例》施行后发生的医疗事故引起的医疗赔偿纠纷,诉到法院的,参照条例的有关规定办理;因医疗事故以外的原因引起的其他医疗赔偿纠纷,适用民法通则的规定。”该《通知》扩大了医疗纠纷的范围,使其包括了因医疗事故产生的纠纷和因医疗过错行为产生的纠纷这两类情况。患者的生命权或健康权因医疗机构及其医护人员的过失造成损害,经鉴定构成医疗事故的称为医疗事故纠纷,适用《条例》进行赔偿;不构成医疗事故但存在医疗过错的称为医疗过错纠纷,适用《民法通则》的相关规定进行赔偿。

第三,将医疗纠纷等同于医疗损害纠纷的阶段。2009年颁布并于2010年7月1日施行的《中华人民共和国侵权责任法》(以下简称《侵权责任法》),摒弃了医疗事故责任和医疗过错责任两个不同概念,使用统一的医疗损害责任概念,进一步扩大了医疗纠纷的范围。《侵权责任法》第五十四条规定:“患者在诊疗活动中受到损害,医疗机构及其医务人员有过错的,由医疗机构承担赔偿责任。”该法第六十二条将损害赔偿责任的范围扩大到诊疗活动以外,规定:“医疗机构及其医务人员应当对患者的隐私保密。泄露患者隐私或者未经患者同意公开其病历资料,造成患者损害的,应当承担侵权责任。”因此,在《侵权责任法》中,医疗纠纷的构成要素是“损害的发生”加“医疗机构有过错”,而这样的损害不仅仅是因医疗行为产生的损害还可能包括一些非医疗行为产生的损害,如泄露患者隐私或者对患者进行侮辱而造成的一般民事侵权责任等。

由于目前实践中我国医疗纠纷的解决主要和直接的法律依据就是《侵权责任法》的相关规定，该法对于医疗纠纷的界定代表着整个社会对于医疗纠纷含义的认识。

二、我国医疗纠纷解决方式的比较分析

我国目前医疗纠纷解决方式主要有四种：自行协商、行政调解、法院诉讼和人民调解。

（一）自行协商方式

自行协商是指医患双方在医疗纠纷发生后，在自愿、平等的基础上，就医疗纠纷所造成的损害赔偿达成一致意见，并签署协议书的行为。我国《医疗事故处理条例》第四十六条规定："发生医疗事故的赔偿等民事责任争议，医患双方可以协商解决。"第四十七条规定："双方当事人协商解决医疗事故的赔偿等民事责任争议的，应当制作协议书。协议书应当载明双方当事人的基本情况和医疗事故的原因、双方当事人共同认定的医疗事故等级以及协商确定的赔偿数额等，并由双方当事人在协议书上签名。"

自行协商存在的弊端主要有：第一，无法降低医患双方的对抗性。若发生了伤害事件或遇到患者抱怨，医护人员往往是无法平静对待的。即使想真诚地面对患者及其家属，但一看到他们悲伤、生气的样子就会紧张，也就很难从容地解决问题了。另一方面，患者及其家属受到悲伤、愤怒等情绪的影响，也无法冷静下来。这样一来，医护人员就慢慢防卫起来，并想用医方的一些说法来解释、说服对方，然而医方还没来得及解释，患者及其家属便开始反感医方的防卫和企图说服对方的姿态。这样信息上沟通不了，认知上的分歧也会加深。[①] 最终会出现二极对立型医患关系。第二，不利于医疗纠纷的彻底解决。自行协商达成的和解协议法律效力不

① ［日］和田仁孝、中西淑美：《医疗纠纷调解——纠纷管理的理论与技能》，晏英译，暨南大学出版社 2013 年版，第 2 页。

高，只是一般意义上的民事契约，没有强制性的法律效果。因此，在和解协议达成后，当一方认为协议的内容对自己不利或小于自己应得的利益时，往往反悔而不愿意履行，结果是医患双方诉诸法院，造成双方时间、金钱的浪费以及法院司法资源的浪费。同时，在自行协商的开始阶段，医患双方因实力悬殊、地位不平等以及信息不对称等因素导致患者处于劣势，即使最终达成和解协议，患者也总怀疑自己是在事实不清、责任不明的情况下受到了不公平的对待、接受了不平等的和解协议，结果是患方到医院"医闹"，妨碍医院的正常工作秩序，此时医院又变成了受害者，加剧了彼此的矛盾。第三，不利于行政机关追究相关医疗机构和医护人员的责任。因为自行协商多是医患双方私底下解决，有时医方为了平息事态，规避法律而选择赔款了事。

（二）行政调解方式

行政调解制度是指在行政主体的主持下，以法律、法规及公序良俗为依据，遵循自愿自治的原则，在其行使行政职权的范围内，对特定的纠纷进行调解，促进当事人进行平等、友好的协商以形成和解协议的一种解决纠纷的制度。[①] 我国《医疗事故处理条例》第四十六条规定："不愿意协商或者协商不成的，当事人可以向卫生行政部门提出调解申请。"第四十八条规定："已确定为医疗事故的，卫生行政部门应医疗事故争议双方当事人请求，可以进行医疗事故赔偿调解。调解时，应当遵循当事人双方自愿原则，并应当依据本条例的规定计算赔偿数额。经调解，双方当事人就赔偿数额达成协议的，制作调解书，双方当事人应当履行；调解不成或者经调解达成协议后一方反悔的，卫生行政部门不再调解。"

医疗纠纷卫生行政部门调解存在的缺陷主要有：第一，卫生行政部门的中立性缺失。卫生行政部门是医疗机构的业务主管部

① 朱最新：《社会转型中的行政调解制度》，《行政法学研究》2006年第2期。

门，因而患方对卫生行政部门所调解的医疗纠纷是否公正存在着怀疑。第二，卫生行政部门调解的医疗纠纷具有局限性。我国2010年的《侵权责任法》已经扩大了医疗纠纷的范围，而作为行政机关的卫生部门，原则上仍然适用国务院于2002年颁布的《医疗事故处理条例》，即只有在构成医疗事故的前提下，卫生行政部门才介入调解，而对未构成医疗事故，或者未经鉴定的医疗纠纷是否有责任予以调解，则无明确规定。如此导致卫生行政部门对医疗事故以外的医疗纠纷的调解缺乏依据。① 第三，卫生行政部门调解适用的仍是国务院《医疗事故处理条例》，这导致法律适用的不统一，损害了调解和法律的权威，当事人任何一方都会在行政调解和诉讼之间进行选择，当调解的结果不能满足自己的诉求时，便会再次诉诸法院，造成前期行政调解的无用和司法资源的浪费。最后，卫生行政部门缺乏专业的调解人员。卫生行政部门的工作人员多为卫生行政专家，而涉及医学以及法学的专业人员则较为缺乏。

（三）诉讼方式

医疗纠纷诉讼解决就是医疗纠纷当事人一方向人民法院起诉，人民法院依照法律规定对医疗争议进行开庭审理、质证辩论、调解裁判的过程。② 尽管法院诉讼最能体现公平正义，并且在程序和执行方面具有公权力保障等优点，但一般而言，诉讼并非是一个最优的选择。以中国传统文化观之，中国社会向来以“和”为导向，崇尚“非讼”的境界。子曰：“听讼，吾犹人也。必也使无讼乎？”以中国目前状况观之，市场经济的飞速发展，导致争议数量急剧增加，一言不合，便向法院提起诉讼，已经形成了一种“诉讼依赖症”，加剧了法院“讼累”的负担。

具体就医疗诉讼而言，存在以下的一些弊端：

---

① 刘博、罗刚：《我国医疗纠纷调解制度的完善与发展》，《中国卫生事业管理》2010年第3期。

② 孔志学：《医疗纠纷与法律处理》，科学出版社2007年版，第51页。

第一，诉讼费用高昂使患者难以负担。法经济学认为，诉讼成本包括私人成本和社会成本两个部分。私人成本是指当事人为了赢得官司而在诉讼中投入的人力和财力，包括律师费、诉讼费、投入的时间以及可能发生的鉴定费等。经济支付能力的有限性，使患者大多无法承担巨额的诉讼费用。社会成本是指国家为公民提供的各种司法资源，比如法院的基础设施建设等，这些成本都会因为诉讼的提起而产生。美国前总统亚伯拉罕·林肯曾说过："任何时候，只要你能够，就请说服你的邻居达成妥协。向他们指出名义上的赢家通常是实际上的输家——在费用、开支和时间的浪费上。"[①]

第二，诉讼迟延导致效率低下。诉讼迟延是诉讼制度与生俱来的、现在依然困扰着法院的难题。诉讼迟延对于司法的运作来说，几乎可以说是一种宿命的慢性病。迟延是一种宿疾。当然导致诉讼解决纠纷周期长原因是多样的，但是主要原因还在于诉讼对形式正义的追求。[②] 尤其是在当今"诉讼爆炸"的时代，大量的纠纷争议涌入法院，导致了法院的不堪重负，"案子多，法官少"必然导致整个审理周期的延长，造成时间资源的浪费。加之医疗纠纷往往涉及专业技术性问题，想要厘清这些难题不仅需要专家的讲解和法官的学习，有时还需要通过鉴定程序来确定是否具有赔偿责任以及赔偿数额等，这些无一例外都会拖延诉讼时间，造成诉讼延迟。另外，不是所有的司法判决都能产生正义，但是每一个司法判决都会消耗资源。[③]

第三，医疗纠纷涉及专业性问题使得诉讼中责任认定难度较

---

① 范愉：《代替性纠纷解决方式（ADR）研究——兼论多元化纠纷解决机制》，载郑永流主编《法哲学与法社会学论丛（二）》，中国政法大学出版社 2000 年版，第 162 页。

② 范愉：《非诉讼纠纷解决机制研究》，中国人民大学出版社 2000 年版，第 116—117 页。

③ 白岱恩：《民事诉讼供求的经济分析》，《政法论丛》2003 年第 4 期。

大。虽然法官是经过法定程序任命的，具备一定专业素质和能力，但是法官作为纠纷的裁判者并不是一个全才，他了解的仅仅是如何正确适用法律，如何认定证据，而不是医学领域内各方面的知识，有时候法官需要长期阅读专业书籍并向专家请教才能知悉原告的诉求和双方争议焦点之所在。另外，司法实践中涉及的大部分专业性问题会交给权威的鉴定机构进行鉴定，鉴定结论有可能直接决定案件的胜败，这就对鉴定人的中立性提出极高的要求。有的当事人会利用鉴定程序时间久、规范性强的特点来达到拖延诉讼的目的，给对方当事人带来较大的成本负担。

从以上分析中我们会发现，不管是自行协商、行政调解还是法院诉讼都存在着各自的弊端，导致我国医疗纠纷解决现状堪忧。

（四）人民调解方式

调解一般而言是指在第三方主持下，以国家法律、法规、规章和政策以及社会公德为依据，对纠纷双方进行斡旋、劝说，促使当事人相互谅解，进行协商，自愿达成协议，消除纠纷的活动。① 调解作为一种替代性的纠纷解决方式为中外所青睐。所谓医疗纠纷调解，就是通过促进医患双方的自主对话，使其达到信息共享，从而帮助避免和调整医患双方认知上的分歧和误解的一种模式，这是一种有利于缓和双方关系的模式。②

在我国，医疗纠纷的调解解决主要是运用了人民调解这种我国最具特色的调解方式。医疗纠纷人民调解制度则是一项专门调解医疗纠纷的人民调解制度。它是指在医学、法学等专家组成的医疗纠纷人民调解委员会的主持下，就医疗纠纷问题，对医患双方当事人进行说服教育、规劝疏导，促使双方当事人互谅互让、平等

---

① 江伟、杨荣新主编：《人民调解学概论》，法律出版社 1994 年版，第 1 页。

② ［日］和田仁孝、中西淑美：《医疗纠纷调解——纠纷管理的理论与技能》，晏英译，暨南大学出版社 2013 年版，第 2 页。

协商、自愿达成协议，消除医疗纠纷的一种民间性的纠纷解决机制。①

医疗纠纷的人民调解解决所具有的优势主要包括如下一些：

第一，节约了当事人的费用成本。对于当事人来说，调解相较于诉讼是一种更好的选择，因为调解基本上没有金钱上的支出——没有律师费，没有诉讼费。目前我国的人民调解组织提供的是一种免费的，政府财政支持的服务事业，是一种公共资源的利用。第二，节约了当事人的时间成本。在调解过程中，当事人支出的主要是时间成本，即使是时间成本的支出，相较于诉讼也是有极大的利益的，因为，调解的周期远低于诉讼。第三，调解具有高效的优势。调解追求的是灵活、便捷，打破了条条框框的程序性规则对它的束缚，不像诉讼那样存在效率低下的问题。第四，有利于缓解法院的压力，使其能够集中力量处理更加疑难、复杂的案件，从而为医疗纠纷的解决设立标准和行为规则，真正做到调解在法治的阴影下运行。

基于上述优点，我国政府对医疗纠纷的人民调解解决一直极为重视，2010 年 1 月 8 日，司法部、卫生部、保监会三部门联合发布了《关于加强医疗纠纷人民调解工作的意见》，该意见高度重视人民调解在构建和谐医患关系中的作用，并在实地调研的基础上针对加强医疗纠纷人民调解组织建设、调解员队伍建设、调解委员会的保障机制以及业务工作、医疗责任保险制度等方面给出了具体指导意见。为进一步构建和谐医患关系，卫生部在 2012 年卫生工作要点中进一步提出加强医疗服务管理，推进医患纠纷人民调解和医疗责任保险制度建设，保护患者和医务人员的合法权益。此外，各地也都在积极探索适合本地区的医疗纠纷人民调解模式，其中的“宁波解法”曾吸引了全国各地的司法、卫生等行政部门的高度关注，纷纷前来“取经”，并结合各地的实践开展了丰富多样的医

① 李刚：《人民调解概论》，中国检察出版社 2004 年版，第 55 页。

疗纠纷的人民调解实践。

三、医疗纠纷“宁波解法”的相关制度建设

宁波市人民调解工作坚持一切从实际出发，不为了调解而调解，不为了政治上的口号宣传而调解，而是从具体实际的需要出发，围绕解决现实中出现的问题来发展、建设、完善人民调解制度。在调研中，宁波市司法局人民调解工作处的负责人介绍：“我们的（即宁波市）人民调解与其他地方调解最大的不同在于，我们不盲目的发展调解，我们的工作目标是‘建立一个、发展一个、成熟完善一个’，也正因为如此，我们的调解工作才获得了良好的成效。”坚持以解决问题为中心的优势在于，不会造成相关资源的浪费，因为调解作为一项制度安排也是需要社会成本的，即需要政府主要是司法行政部门和社会各阶层对调解资源的投入。如果漫无目的上马“调解”项目，势必会造成资源的浪费，特别是金钱的浪费。尤其是相较于其他政府部门，司法行政部门获得的财政经费支持相对来说本来就较少，盲目建设势必会导致调解的入不敷出，不利于发挥调解的优势。

医疗纠纷是医患双方的切肤之痛，历来被认为是重难点问题。为了破解医疗纠纷处理难的窘况，宁波市司法局积极参与市医疗纠纷预防与处置工作，组建了宁波市医疗纠纷人民调解委员会，并于2008年2月29日挂牌成立，主要调处宁波市老三区（海曙区、江东区和江北区）和市级医疗机构中发生的各类医疗纠纷，并协助调解重大疑难医疗纠纷。2008年3月1日，宁波市以“市长令”的形式颁布的《宁波市医疗纠纷预防与处置暂行办法》正式实施，2008年4月，司法局与卫生、财政部门联合下发了《关于全面推行医疗纠纷人民调解工作机制的通知》，明确了医疗纠纷人民调解工作的组织机构及职能，两级调委会工作经费和人民调解员补贴经费分别由市、县（市、区）两级财政予以保障。这一套做法在实践中被称为“宁波解法”。2011年8月31日，《宁波市医疗纠纷预防与处置条例》（以下简称《处置条例》）在宁波市第十三届人民代表大会常

务委员会第三十四次会议上获得表决通过，于 2011 年 11 月 25 日经过浙江省第十一届人民代表大会常务委员会第二十九次会议批准，并自 2012 年 3 月 1 日实施，成为国内首部医疗纠纷处置地方性法规，在全国开了以地方性法规确认医疗纠纷人民调解机制的先河，也标志着医疗纠纷"宁波解法"最终为法律所确认。

四、医疗纠纷"宁波解法"的解读

那么，到底何谓"宁波解法"呢？简而言之，"宁波解法"可以归纳为"一条原则，两大机制，三点突破，四方合作"。"一条原则"是指遵循预防为主、依法处置、公平公正、及时便民的原则，为医患双方提供免费、依法、公平、便捷的公共服务产品。在该条原则中，预防为主是放在第一位的。"两大机制"是指实施医疗责任保险理赔协商机制和医疗纠纷人民调解机制。这是"宁波解法"的核心与灵魂。"三点突破"是指统一赔偿标准，设置协商赔付界限和加大医闹打击力度。"四方合作"是指明确了公安、司法、卫生、保监等政府部门在医疗纠纷处置中的职责。预防和解决医疗纠纷是全社会共同的责任，这些部门应当密切合作。

医疗纠纷"宁波解法"的特点是：坚持独立的第三方的地位、选任内行提供专业服务、提高质量树立公信形象、处置迅速避免纠纷激化、反馈及时促进医患和谐、各方支持共铸成功。对于这种新机制，可以进一步从以下三个方面予以详细解读：

第一，构建以专业平台为支撑、以多方合作平台为辅助的具体运作平台。该具体运作平台就是按"人民调解＋保险理赔"的模式，成立宁波市医患纠纷人民调解委员会和宁波市医患纠纷理赔处理中心。当然，仅仅有了机构的建立，没有相应的人员或者政府部门的扶持，也很难发挥人民调解的作用，毕竟"巧妇难为无米之炊"。也就是说，具体运作平台要想发挥其应有的功效，无疑需要以专业平台为支撑、以多方合作平台为辅助。这里的专业平台，通俗点说就是专业的团队，无论是医调委还是理赔中心都要有专业人员队伍。事实上，《处置条例》第二十八条第二、三、四款也对医调委的构成以及调解员的选任作了规定。即医疗纠纷人民调解委员会由委员三至九人组成，设主任一人，必要时，可以设副主任若干人；医疗纠纷人民调解员由医疗纠纷人民调解委员会委员和医疗纠纷人民调解委员会聘任的人员担任。医疗纠纷人民调解员应当为人公道、品行良好；具有医疗、法律、保险专业知识和调解工作经验，并热心人民调解工作；医疗纠纷人民调解委员会可以吸收公道正派、热心调解、群众认可的社会人士参与调解，并建立由医学、法律等相关专业人员组成的专家库，为医疗纠纷的调查、评估和调解提供咨询。当然，在专业团队建立的同时，多方合作平台也应予以构建，主要就是各相关部门和单位各行其职，为"宁波解法"保驾护航。如公安机关维护医疗场所的治安管理，卫生行政部门依法履行监督管理职能，司法行政部门做好医患纠纷人民调解工作的业务指导和管理，保险部门做好理赔服务，患方所在单位、基层群众自治组织和当地乡镇人民政府（街道办事处）应医患双方或一方请求参与处理医患纠纷，新闻媒体负责相关政策宣传等。

第二，五大机制并行不悖。所谓五大机制主要是指调解引导机制、服务保障机制、联调联动机制、预防预警机制和经费保障机制。具体而言，其一，调解引导机制。虽然人民调解已被人民群众所知悉，但其介入医疗纠纷领域还是一种全新的尝试，要想得到社会认知，还必须采取多种形式，加大宣传力度，这就需要构建调解引导机制。如建立医疗纠纷热线服务电话，提供相关咨询并能够及时受理医患调解申请；发放各种宣传资料以及开展针对性宣传，让医患纠纷当事人了解、信任人民调解，引导他们选择人民调解。其二，服务保障机制。主要体现在两个方面，一方面要建立健全制度。如《通知》明确规定了调委会人员的推荐、招聘、培训、业务管理和考核。另一方面，规范调解程序。各级调委会受理纠纷、调查取证、过失认证、定损计赔、合议程序、回访督办等都有明确的规定。[①] 其三，联调联动机制。医患纠纷往往涉及人身健康和巨额经济赔偿，当事人情绪容易激动，矛盾容易激化，处理不好容易引发"民转刑"案件和群体性"医闹"事件。为此，需要在工作中充分整合部门资源，制定了医疗纠纷应急处置预案，建立了严密的多部门协作联调联动机制，保障正常医疗秩序，促进调解工作取得成效。其四，预防预警机制。医疗纠纷事件的频繁发生，除了和患者的维权意识增强有关外，和现在的医疗体制及部分医务人员责任心缺失也有莫大关系，为此，医调委在工作过程中，十分注重调解与预防相结合，着力加强预防预警机制建设。其五，经费保障机制。医调委"第三方"调解组织的独立性，不仅体现在办公场所的独立上，更重要的是经济上的独立，即需要建立经费保障机制。前述《通知》明确了经费由财政予以保障。

第三，创新的医疗纠纷理赔处理制度。宁波市的医疗责任保险一改以往医疗机构与保险公司双方合作的模式，由政府介入，实现政府—医疗机构—保险公司三方联动，采取强制保险的措施，以政府的介入的方式能够约束保险机构的商业化倾向。[②] 同时，考虑到医疗损害赔偿的高风险性，宁波市由多家保险公司组成"医疗责任保险共保体"，即宁波市政策性医疗责任保险由人保、太保、平安、国寿财、长安五家保险公司共保，共同分担医疗赔偿责任，中国人保财险宁波分公司是该项目的首席承保人，牵头组建了宁波市医疗纠纷的理赔处理中心，并派驻相关人员参与中心的日常管理工作。发生患者索赔一万元以上的医疗纠纷时，医疗机构向医疗纠纷理赔处理中心报案，处理中心即展开受理、调查、评估、协商、鉴定、诉讼及理赔等工作，遇重大纠纷时，医疗纠纷理赔处理中心、

① 卢进新、谢平：《预防和化解医患纠纷的"宁波解法"》，《浙江警察学院学报》2011 年第 5 期。

② 朱晓卓、吴美蓉、李国炜、邵峰、王国平、郭春燕：《宁波市医疗纠纷理赔处理制度的实践和思考》，《南京医科大学学报(社会科学版)》2011 年第 1 期。

医疗纠纷人民调解委员会以及医疗机构协商处理。医疗纠纷理赔处理中心在理赔处理时严格依照我国《侵权责任法》的规定来计算赔偿数额。[①] 此外，宁波市医疗责任保险坚持保险事故以预防为主，医疗机构和保险公司充分协商，确定相对统一的承保方案，按照以险养险和微利原则，设置医疗责任险与财产险、火灾公众责任险相捆绑的保险条款。而且，保险公司每年都会根据上一年度医疗机构和医务人员个人赔偿数额和发生医疗风险的因素等重新评估，逐年调整保费，这样一来，既保证了医疗赔偿费用的支付，又约束了医疗机构和医务人员的医疗行为。

五、医疗纠纷“宁波解法”的典型案例

就目前而言，宁波市及县（市、区）医疗纠纷人民调解委员会共有 9 个，分布在宁波市余姚市、慈溪市、奉化市、宁海县、象山县、鄞州区、镇海区、北仑区，共有专职人民调解员 29 名，宁波市各级医调会成立 7 年以来，共受理医疗纠纷 4711 起，调解成功 4434 起，成功率达 93.9%。[②] 仅 2015 年上半年，宁波市医调会共调解医疗纠纷 277 件，成功调解 273 件，成功率达 98.6%。由此可见，宁波市医疗纠纷人民调解工作赢得了医患双方的信任，取得了良好的社会效应，宁波市医调会也被司法部授予了“全国模范人民调解委员会”称号。此外，通过在宁波市医疗纠纷理赔处理中心的调研了解到，该中心自成立以来共受理医疗纠纷报案 5638 起，其中协商调处终结 4929 起，协商终结率为 87.42%，截至目前尚无一例反悔案例。2014 年，医疗机构对理赔处理中心的满意度为 98.7%，患方满意度为 97.7%。因此，“宁波解法”的成效已为实践所证明，早在 2009 年全国政协十一届二次会议上，李立新委员就提出议案，建议在全国医疗行业中推广应用这种“宁波解法”。以下选取的都是相关典型案例。

---

①② 宁波市医疗纠纷理赔处理中心宣传手册：《医疗纠纷 · 宁波解法》，第 2 页。

(一)医疗纠纷人民调解委员会的典型案例

案例一

这是一件医方认为无责而被认定有责任的案例。

【简要案情】卢某,女,58岁。2013年7月27日因胸背部疼痛入院。经过检查,卢某胸9、10、12椎体轻度压缩性骨折。7月30日晚上,进行胸9、10、12经皮穿刺球囊扩张椎体成形术。8月1日,在卢某CT中发现其胸12平面椎管内有骨水泥渗漏,当天就进行了12后路开窗减压探查骨水泥异物取出术。手术后,卢某发生双下肢截瘫。卢某家属认为手术操作不当导致卢某双下肢截瘫,要求赔偿。但医院方认为,自己没有任何责任,是正常的手术行为。由于双方在赔偿问题上各执己见,协商陷入僵局,最终来到宁波市医疗纠纷人民调解委员会。

【调解经过及结果】宁波市医学会医疗损伤鉴定书表明,本医疗过错对患者卢某人身医疗损害结果的责任程度为完全责任。同时,经宁波诚和司法鉴定所鉴定后认为,卢某的伤残等级为二级伤残,术后属于完全劳动能力丧失。在获得这些确切信息之后,宁波市医疗纠纷人民调解委员会的调解员为调解赔偿费用忙开了。调解员茅某说。赔偿费用包含终身护理、后续治疗、保健器材费用、营养费、精神抚慰金和残疾抚慰金等。其中,精神抚慰金和残疾抚慰金都是一次性付清,最高赔偿5万元。"各类护理治疗费、器材费、营养等就不好算了。虽然法律规定最高赔偿20年的费用,但是这些费用在将来都是会变化的,要预测到每年递增的变化。"茅某说。为了公平公正,调解委员会里的5个调解员各自提出一个赔偿方案,然后拿到一起开会讨论汇总,拿出一套最终赔偿方案。经过历时三个多月的调解,医院最终同意赔偿患者250余万元,双方认为合情合理，签下调解协议书，纠纷得以解决。①

案例二

【简要案情】黄某，35 岁，宁波市海曙区人。据了解，黄某的父亲由于身体不适，于 2012 年 10 月 28 日住进宁波市第一医院的胸外科，但在 10 月 30 日下午 1 点，患者出现恶心、不适，当时医生也及时进行了处理。当天下午 5 点，黄某父亲的病情加重，甚至出现呕吐物反流，最终，因抢救无效不幸去世。为此，黄某及其母亲很不理解，认为医院抢救不及时，10 月 30 日下午 1 点钟的不适和四小时之后 5 点钟的病危有着必然的因果联系。但医院方面觉得这种推断并没有确切的证据，患者的死亡存在突发性。对于此次医疗纠纷，医院方面愿意承担一定的责任，赔偿 4 万元人民币，但患者却要求赔偿 9 万元。双方协商不下，于是寻求医调会的帮助。

【调解经过及结果】调解一开始，调解主持人向医患双方宣读了医疗纠纷调解权利与义务认知书，明确说明医患双方的权利与义务。调解过程中，医患双方分别阐述了自己的观点，而调解员则根据医学和法律知识对整个事件进行分析。调解员根据《侵权责任法》第七章，给当事人算一笔明细账，如国家法定的丧葬赔偿费是多少等。这表明赔偿不是说多少就多少，不是医患自行决定的，而是根据国家标准算出的，且明细账当着双方的面列明，保证了公开透明。虽然调解过程中双方各执一词，场面紧张而激烈，但是通过调解员茅某给当事人和院方做思想工作，控制住了事态的发展。在详细调查的前提下，提出了合理的建议，最终双方达成调解协议。②

---

① 王莎：《宁波设第三方调解医疗纠纷　七年来医患双方没一个反悔》，http://zjnews.zjol.com.cn/system/2015/09/14/020831382_01.shtml.(2015/10/20)

② 人民网浙江频道记者：《宁波：遇上医疗纠纷　调委会来当"老娘舅"》，http://nb.people.com.cn/n/2012/1205/c200892-17819888.html.(2015/9/28)

案例三

【简要案情】患者张某因腹部疼痛，被确诊为子宫肌腺症，在宁波某医院接受了子宫切除手术。术后第二天，却发现体内直肠破裂，又接受了第二次手术，修补直肠。由于破损的直肠需要在体外修复后放回体内，治疗一周后，医院又给张某做了第三次手术。出院后，张某认为自己平白无故多挨两刀，完全是因为医生手术过失。于是，张某的父亲与医院交涉，提出50万元的赔偿要求。医院承认手术过程中确实有意外发生，但提出这和张某3岁时做过先天性巨结肠根治手术有关。并且，意外发生后，医院已做了积极弥补，让患者恢复了健康。医院不该赔偿那么多钱。张某亲属频繁到医院要求赔偿，医院拒绝高额赔偿，医患双方纷争持续3个多月。得知宁波有专门的医疗纠纷人民调解委员会，张某向调委会递交了《医疗纠纷索赔申请书》。

【调解经过及结果】宁波市医疗纠纷人民调解委员会根据《宁波市医疗纠纷预防与处置条例》的规定，请宁波市医疗理赔处理中心根据国务院的《医疗事故处理条例》规定的项目和标准，计算出医院该赔偿患者8.7万元。调解委员会以此为基础进行调解，最后医患双方达成协议，医院赔付8.7万元。但这笔赔偿款并不是由医院支付给张某，而是由医疗纠纷理赔中心支付。因为，宁波市各级各类公立医疗机构都按照《宁波市实施医疗责任保险的规定》，投保了医疗责任保险。①

（二）医疗纠纷理赔处理中心的典型案例

在“宁波解法”中，医疗纠纷理赔处理中心也会直接介入纠纷的处理，它通常会采用调解的方式，促成医患双方达成和解，和解结果或者体现为双方签订的和解协议，或者到医调委以和解结果

① 郁进东：《浙江宁波依法处置医疗纠纷》，《经济日报》2014年1月9日，第15版。

为基础签订的调解协议。

案例一

【简要案情】2013年3月，宁波某32岁女患者在宁波某医院进行了腹腔镜手术，后怀疑医院在进行腹腔镜手术时将其右输卵管切除，要求赔偿。而院方认为不存在误切。

【调解经过及结果】宁波市医疗纠纷理赔中心查勘员通过医患双方对诊疗过程的陈述，仔细查阅病历资料，为明确院方责任，经相关专家会诊，认为：医方应对患者卵巢缺失承担全部责任。医患双方充分听取了医疗纠纷理赔中心的意见，经双方协商达成一致，由院方一次性赔偿患方人民币99,900元，成了医疗机构认为没有侵权，经理赔中心评估有过错做出赔偿的经典案例。①

案例二

【简要案情】2013年5月，一名6岁儿童因“左肱骨外髁骨折”入住宁波市某医院，却在手术4小时后出现心搏骤停，经抢救无效后死亡。患儿不幸夭折，家属必然难以接受，接连出现家属强行冲入手术室、在医院门诊大厅吵闹等严重影响医院正常工作秩序的行为。

【调解经过及结果】在医院第一时间向宁波市医疗纠纷理赔处理中心报案后，中心立即派人到纠纷现场进行处理，并告之医疗纠纷的处理途径及相关的权利义务。最终在宁波市医疗纠纷理赔处理中心工作人员的引导下，医患双方共同申请了由宁波市医学会进行的医疗损害鉴定。同时，宁波市医疗纠纷理赔处理中心根据医学会的鉴定结论，通过集体讨论，依照相关法律做出赔偿的评估意见，并与家属进行沟通协商，医患双方达成共识，然后签订了《医

---

① 宁波市医疗纠纷理赔处理中心宣传手册：《医疗纠纷：宁波解法》，第16页。

疗争议和解协议书》,医疗纠纷及时得到化解。①

案例三

【简要案情】2008 年 6 月,某新生儿在宁波市某中心卫生院出生,后经两次转院后被诊断为患有新生儿缺血缺氧性脑病、右侧锁骨骨折等疾病,并于 2008 年 8 月死亡。双方为此发生纠纷,患方认为该患儿的疾病是由于医生接生不当引起的,医院应负全部责任,要求赔偿全部损失共计 1200000 元。在纠纷发生之后,患方出现不理智行为,将患儿尸体抱到理赔中心协商桌上放置,经公安介入劝阻后自行移除。院方认为产妇生产过程顺利,脑病与接生无关,右锁骨骨折不能排除与接生有关。

【调解经过及结果】宁波市医疗纠纷理赔中心接到医疗机构报案后,介入处理纠纷,经查勘发现,院方只应承担部分责任。经理赔协商成功,医患双方在宁波市医疗纠纷人民调解委员会签订调解协议,由院方赔偿患方人民币 15000 元,此案处理终结。依法确定理赔金额,有效限制了不合理的索赔,既保证了对患方的公平公正处理,又保证了国有资产不随意流失。②

六、医疗纠纷"宁波解法"的亮点:制度创新

"宁波解法"的最大亮点在于制度创新。这种创新解决了两个实际问题:第一,调解能否市场化运作的问题。市场化运作是调解将来可能发展的方向之一,在此之前也有学者提出过类似的观点,认为我们应当充分考虑调解的市场化,以解决财政资金补充不足的问题,从而为患者提供更完善的保障,但在实践中却鲜有先例。在市场经济条件下,调解可以被认为是在既定市场中的一项交易,

① 宁波市医疗纠纷理赔处理中心宣传手册:《医疗纠纷:宁波解法》,第 15 页。

② 宁波市医疗纠纷理赔处理中心宣传手册:《医疗纠纷:宁波解法》,第 17 页。

在这个市场之中，各方主体，包括患者及其家属、医院及其医务人员，甚至是其他利益相关方都可以通过调解这种更加便宜的方式，节约交易成本从而达到自身利益的最大化。“宁波解法”将医责险引入到人民调解制度之中，完成了市场化“试水”的第一步。第二，解决了人民调解协议的履行难题。执行难并不仅存在于诉讼之中，调解协议也存在着执行难的问题。学者大多将执行难归结于调解协议的强制执行力不足从而主张通过加强调解协议的法律效力来解决执行难的问题。加强人民调解协议效力的途径，目前主要是通过司法程序赋予其以强制执行的效力，但是具有强制执行力的司法判决本身也面临执行难的问题。在“宁波解法”之中，理赔机构的存在能够保证在调解协议达成后的切实履行，这样就避免了一方不主动履行而导致的履行难的问题。

七、对医疗纠纷“宁波解法”的质疑

当然，“宁波解法”在实践中取得成功的同时，也遭受了一些质疑，主要集中于以下两个方面：

第一，对“宁波解法”保险理赔处理机制的质疑。对“宁波解法”的质疑之一就是保险机构及其医疗纠纷理赔处理中心会不会因经济利益驱动产生“惜赔”心理而侵害患者利益呢？

应该说，这种情况不会发生，原因在于：其一，宁波市卫生医责险实行“保本微利”原则。根据约定，赔得少了，当年如有余，扣除相关费用后，全部转入次年赔付准备金；赔得多了，通过费率自动提高医疗机构次年医责险总额，由于保险效益只能通过保费总量大小体现，且理赔处理运作经费按医责险总额固定比例提取，因此，从理论上说，赔得越多，次年医责险保费总量越大，对保险和理赔处理机构越有利。这种科学的制度设计，保证了保险及其理赔处理机构不会产生“惜赔”心理。其二，保险理赔机制引入了市场竞争，在市场经济条件下，只有得到患方的满意，理赔协商成功率高，才是医责险和理赔处理机构生存和发展的基础。其三，存在着有效的制约监督机制。在外部有司法行政部门和卫生行政部门的监督，在内部有理赔服务考核机制的监督。内外部监督机制的存在保证了理赔机构不会侵害到患者一方的利益。

如此，既然赔得越多赚得越多，那么保险机构及其医疗纠纷理赔处理中心会不会损害医院的利益呢？答案是否定的，原因如下：其一，理赔处理机构作为医疗机构的全权代理人，理所当然要尊重医疗机构的意见。理赔处理过程中至少需要三次征求医疗机构的意见，时间分别在受理纠纷时、查勘发现新问题时、签订协议前。其二，医疗纠纷理赔处理中心在理赔处理时，必须严格按照《侵权责任法》和国务院《医疗事故处理条例》的规定计算赔偿项目和数额，全方位向医患双方公开标准和计算方法，严格规范赔偿程序，维护双方的合法利益。

第二，对“宁波解法”作用的质疑。这种质疑集中体现为将其比喻为止痛剂。以“人民调解＋保险理赔”方式组成的“宁波解法”在实际运行中得到了大部分人的认可，并被其他地方作为经验逐步推广，促进了依法处理医疗纠纷的社会大环境的形成。但与此同时，也有人对“宁波解法”提出了质疑，认为它好比止痛剂，痛是不痛了，但是医疗纠纷的源头还是没有解决。医院每年高额的保费交给保险公司，年年这样下去，医院靠什么生存？如果赔付金额逐年增多，肯定也不是“政府令”的本意。①

对这种质疑可以进行如下回应。解决医疗纠纷最理想的办法就是使医疗纠纷不要发生，医疗纠纷虽然不可避免，但绝对可以防范。防范医疗纠纷是主动解决医疗纠纷而不是被动消极应对医疗纠纷的最好途径。因此，医疗责任保险机制的存在，可以“倒逼”医院内部加强医疗管理质量和体系的建设与控制，因为要少交保险费，医院就要建立严格的管控体系以加大对医疗活动的管控力度，医疗纠纷少发，保险费也就自然降低了。

---

① 吕雪莉、郑黎：《医患纠纷的“宁波解法”：只“止痛”不“治痛”？》，《经济参考报》2009 年 8 月 3 日，第 7 版。

八、医疗纠纷“宁波解法”的影响

如今，医疗纠纷有了“宁波解法”并随着其影响力的逐渐扩大，一旦产生医疗纠纷，越来越多的患者首先找人民调解委员会调解解决，“医闹”现象在宁波市基本绝迹，医院的正常医疗秩序得以保障，患者的合法权益也得到了维护，该实践由此引起了全社会的关注。就浙江省而言，在“宁波市医疗纠纷第三方调解机制”成功运行的基础上，温州、金华、绍兴等地都纷纷成立了自己的医疗纠纷人民调解委员会，可以说，以第三方调解机制解决医疗纠纷的实践已经在省内普遍展开了。其中，“温州解法”也特别引人注目。

2009 年，温州市按照浙江省的安排开展第三方调解的试点工作。2009 年 10 月 1 日，《温州市医疗纠纷预防与处置暂行办法》正式颁布，规定温州市医疗纠纷人民调解委员会是调解医疗纠纷的群众性组织，由市司法局牵头组建。目前，该医调委由七名人民调解员组成，其中包括法律工作者和医学专家，调解员实行聘任制。温州市民遇到医疗纠纷，赔偿金额诉求在 1 万元以下的，可由医患双方在医院内自行协商解决；赔偿金额要求在 1 万元以上的，在医患双方同意协商解决的基础上，应委托医疗纠纷人民调解委员会，由人民调解委会调解，医疗责任保险机构理赔；数额较大的，须经医疗事故鉴定后调解。除了调解之外，理赔也由第三方进行。温州市设立市医疗责任保险理赔中心，接受医患双方委托，参与医疗纠纷理赔的调解。医院出资购买医疗责任保险，如果出现医疗纠纷，经医疗事故鉴定、人民调解委员会调解或是法院判决后，责任在院方的，将由保险公司向患者提供赔付。因此，发生医疗纠纷，患者可以先找人民调解委员会，根据调委会的调解处理，再从保险公司得到赔偿，改变了原先患者向医院直接理赔的方式。①

---

① 黄济东、高银品、孙雪峰、袁权：《医疗纠纷的“温州解法”》，《温州医学院学报》，2011 年 9 月第 5 期。

九、小结

“宁波解法”的成功之处在于，作为医疗纠纷处置第三方的医疗纠纷人民调解委员会是一个完全中立的机构，同时引入了保险公司的理赔机制。这就相当于在医患双方之间设置了一个“缓冲区”，把矛盾从医院内的冲突转移到院外调解，引导纠纷在法律框架下进行解决；而且一旦确认医方应该进行赔付之后，由于理赔处理中心的存在也使得调解协议的履行具有强有力的保障。虽然“宁波解法”本身仍存在着一些问题，例如理赔处理中心的意见对于医调委的调解工作在一定程度上有所制约，制度创新的合理性受到一些质疑，但是其所发挥的作用是不容忽视的，这已为实践所证实。

第二节　劳动纠纷的人民调解实践：以宁波市北仑区劳动争议联合调解机制为例

近年来，随着劳动关系所处环境的深刻变化，劳动纠纷进入集中显性爆发阶段。浙江省作为一个经济发达省份，劳动纠纷更是成为各种纠纷中不仅量大而且情况非常复杂的一类纠纷，该种纠纷如果解决不当，极有可能演变为群体性事件，给社会带来不可估量的负面影响。因此，在浙江省的人民调解实践中，与此类纠纷解决有关的实践也特别引人关注。

一、北仑区劳动争议联合调解中心的成立背景

宁波市北仑区是浙江省、宁波市对外开放时间最早、程度最高、国家级开放功能区最为集中的区域。目前北仑境内设有一个行政区和宁波经济技术开发区、宁波保税区、宁波出口加工区、大榭开发区、宁波梅山保税港区等 5 个国家级开放功能区。有 50 多个国家和地区的客商在北仑新区累计兴办外资项目近 2000 家，有 39 家全球 500 强跨国公司落户，是宁波市和浙江省外商独资项目

最为密集的重点对外开放区域。社会经济的飞速发展，吸引了大量外来务工人员集聚北仑。在北仑的劳动力结构中，外来人口超过本地人口。外来务工群体文化程度普遍不高，其中具有初中文化程度的占到了五成，高中（中专）占两成，大专和大学的仅占到一成。他们绝大多数从事制造业、建筑业、批发零售业，期待提高劳动收入、完善劳动保障。而在用工中普遍存在劳动用工不够规范、超时劳动等现象。一旦外部经济环境变坏，企业的生存和职工的就业就会遭受严重威胁，劳动争议案件就会激增。2008 年，伴随着全球金融危机，大量企业经营困难，出现裁员、降薪等现象，劳动关系进入“敏感期”，劳动争议案件中以外来工为主体的超过 90%。

劳资纠纷已成为影响社会稳定的重要因素。近年来，随着市场化用工体制的深入推进，《劳动合同法》《劳动争议调解仲裁法》等法律法规的贯彻实施，劳动者维权意识不断提高，加之受国际金融危机的冲击，劳资纠纷日益复杂化、显性化和群体化，劳动争议案件快速增长，群体性和突发性事件时有发生。2008 年，北仑受理的劳资纠纷案件为 3732 件，同比增长 69.6%。其中劳动争议仲裁案件受理 2694 件，增长 105.8%。2008 年 3 月到 2009 年 3 月，北仑区信访局接待劳资纠纷来访 133 批共 1041 人次，其中集体上访 26 批共 881 人次，法院受理劳资纠纷 575 件。加大劳动争议调处力度，努力化解劳动关系矛盾，保持社会和谐稳定，为经济发展创造良好的环境，成为摆在北仑区党委、政府面前重要而紧迫的课题。

面对劳动争议纠纷日趋激烈的危机，原先的“一裁二审”劳动争议处理机制已难以适应形势需要。加强劳动争议调处工作，把劳动争议解决在基层，化解在萌芽状态，是《劳动争议仲裁法》确立的重要原则。按照现有的劳动争议调处模式，劳动保障、法院、信访、工会等部门都承担了一定的工作，诸如行政调解、人民调解、仲裁调解、司法调解和工会劳动争议调解等。然而，由于职工利益诉求的多元化，导致劳资纠纷矛盾的多样性，以企业为主的调处方式效率和功能正日渐削弱；现有社会层面的调处体制由于资源分散、多部门受理，导致维权成本高、调处效率低的现象客观存在；由于调处和仲裁力量的不足，大量争议难以在法定时间内得到处理，致使小纠纷累积成大矛盾甚至不断扩大、激化，上述状况不仅严重影响到政府的公信力，也严重影响到社会和谐稳定。改革现有的劳动争议调处模式，创新适应新形势的劳动争议调处机制，已势在必行。如何在新形势下坚持改革创新、与时俱进，尽快构建行之有效的新型劳动争议调解机制显得尤为重要和迫切。

为此，北仑区进行了一系列改革，“联合调解”就是其中最为重要的一部分。北仑采取了渐进式的方法，2007 年，开始设想建立劳动纠纷调解网络；2008 年，开始试行劳动争议调解员制度；2009 年 3 月，经过充分调研论证，决定成立“北仑区劳动争议联合调解中心”（又称“劳动争议人民调解委员会”），由总工会牵头，劳动和社会保障局、司法局、信访局、法院等参与，将原先分散在多部门的劳动争议调解职能集中起来，推行“联合调解”机制。至此，北仑通过强有力的党政动员，成立了劳动争议联合调解组织，以促成劳动争议双方互谅互让、解决纠纷，维护了劳动关系的和谐。[①]

二、北仑区劳动争议联合调解中心的组织形式

北仑区劳动争议联合调解中心有三个不同层面的组织形式。区级层面：由区总工会牵头并派遣 4 名工作人员，区司法局出 3 人，区劳动局出 2 人，另外聘请浙江凡心律师事务所律师作为常年法律顾问，组成区劳动争议联合调解中心。主要职能包括在职工和企业双方自愿的前提下，调解全区劳动关系矛盾；为企业和职工提供法律、政策、法规咨询；及时掌握企业和职工思想状况，对乡镇（街道）、企业劳动争议调解组织进行业务指导，提前介入指导企业正确处理劳动关系，尽量把矛盾消灭在萌芽状态。

乡镇（街道）层面：由各乡镇（街道）政府（办事处）根据自身实

① 引自在宁波市北仑区司法局调研中所获资料：《北仑区劳动争议联合调解中心工作运作方案》第 1、2 页。

际由经济发展科或司法所牵头组成劳动争议联合调解工作室。主要职能是调解处理辖区内劳动关系矛盾。

社区（村、企业）层面：建立企业劳动关系预警机制，配备兼职的企业劳动关系预警员。主要职能包括有选择地处理一部分简单的劳动关系矛盾，及时上报企业在处理劳动关系方面可能出现的问题和企业出台有关政策可能会影响职工队伍稳定的信息。①

三、北仑区劳动争议联合调解机制的"12345"运作模式

北仑构建"劳动争议联合调解机制"，指导原则是"预防为主、基层为主、调节为主"。整合行政调解、人民调解、仲裁调解、法院调解等各种资源，以建立区、街道（乡镇）劳动争议联合调解组织为重点，以建立健全村（社区）和企业基层调解组织为基础，形成"快速、灵活、高效、经济"的劳动争议预防、预警、化解机制。北仑区社会化劳动争议调处机制实行"12345"运作模式，即"一个中心、两种机制、三项制度、四大职能、五类方法"。

一个中心，即劳动争议联合调解中心。区劳动争议联合调解中心由区总工会牵头，劳动和社会保障局、司法局、信访局、法院等部门共同参与。主任由区总工会维权部门负责人担任，主要工作人员从各相关部门具有丰富调解经验的业务骨干中抽调，并聘请专职律师担任调解员，日常管理协调由区总工会负责。政府还决定，区"劳动争议仲裁院"和区"总工会维权中心"也入驻"中心"，以形成维权、调解、仲裁、诉讼相互沟通、相互配合的"大调解"格局。

两种机制，即劳动争议预警机制和联合调处机制。为及时掌握劳动关系矛盾的发展动向，北仑把建立劳动争议预警机制作为化解劳动争议苗头，防止群体性突发事件的重要举措，中心专门制定出台了《北仑区劳动关系预警机制实施办法（试行）》，建立健全企业劳动争议信息收集报送网络，明确各基层工会主席为企业劳

---

① 引自在宁波市北仑区司法局调研中所获资料：《北仑区劳动争议联合调解中心工作运作方案》第3页。

动关系预警机制联系人，凡本单位出现劳动关系紧张或发生群体性争议苗头时，必须向上级工会报告，确保从源头掌控信息，提前发现隐患，及时介入协调。实践证明，预警机制有助于化解劳动纠纷。同时，为保障联合调解的合法有效运行，“中心”制定了劳动争议联合调解中心工作规范，明确调解原则、范围、程序及有关部门和街道（乡镇）工作职责，做到件件有记录、有跟踪，事事有回音、有结果，上下互动，联合调处。

三项制度，即裁前调解、两级值班和分级调解制度。裁前调解，即根据“调解自愿”原则，对进入仲裁的案件尽可能由中心裁前调解，促成妥善解决，缓解仲裁办案压力。两级值班，即调解员日常值班制、部门领导和法律顾问定期联合值班制。日常值班负责日常劳动争议咨询、申请、调查和处理。部门领导和法律顾问联合值班，由区总工会、劳动、司法行政三部门负责人与聘请法律顾问每周接待值班一天，并对一周内疑难争议“会诊”协调。分级调解，目前中心每月受理的案件少则近百起，多则超过200起。仅靠联合调解中心的9名工作人员，还不足以解决大量的劳动纠纷。为此，他们还建立了“分级调解”制度，即在区调解中心基础上，在街道（乡镇）、社区成立综合调解分中心，在企业成立劳动争议人民调解委员会，并总结出“热心接待、耐心倾听、诚心帮助、公心调解、细心关注”的“五心工作法”。区一级有劳动争议联合调解中心，在街道（乡镇）及社区成立综合调解办公室，企业层面成立劳动争议人民调解委员会，这样三级调解机构编织成了一张大网，覆盖到各家企业和用工单位，做到上下联动，统筹协调，有分有合。

四大职能，即承担调解、指导、咨询、宣传四项职能。一是调解辖区内劳动关系矛盾，妥善、快速处理劳动争议，这是“联合调解中心”的第一职能。二是指导街道（乡镇）做好劳动争议调解，指导企业把握劳动关系矛盾的性质，正确处理劳动关系矛盾。三是为企业和职工提供法律法规和政策咨询。四是结合劳动争议调解，宣传劳动法律法规和有关政策，增强企业主承担社会责任的自觉性和劳动者依法维护自身权益的意识。通过履行四大职能，“联合调解中心”确立了自身的公信力，劳动关系争议当事人遇到问题，都愿意来“中心”咨询，申请调解或仲裁，调解后再诉讼和上访的情形鲜有发生。

五类方法，即简易、一般、复杂、前期参与和指定等五种调解办法。简易调解，即对事实较为简单、涉及人数较少的争议，联合调解中心通过电话与当事人沟通后双方和解的，即结束调解并跟踪回访。一般调解，即对分歧不大，但需调查取证的争议，经调解后制作调解协议书，并对履行情况跟踪回访。复杂争议调解，即对法律关系复杂、分歧较大、当事人较多、影响面较广的争议，迅速到现场调查，在查清事实的基础上，与有关部门联合调处解决。前期参与调解，即主动了解基层情况，掌握劳动争议信息，加强调解业务指导，劳动争议初露端倪时即会同街道（乡镇）和企业调解组织第一时间参与协调，做到早发现、早介入、早调处解决。指定调解，即为方便当事人，提高调解效率，对一般性争议，由区劳动争议联合调解中心按照就近就地原则，指定相关街道（乡镇）调解组织进行调解。①

四、北仑区劳动争议联合调解中心的典型案例

在北仑区劳动争议联合调解中心调处的案件中，有不少存在着向群体性事件转化的可能性，后来都因为中心的成功处理而得以妥善解决，维护了社会的安定和谐，同时也维护了企业和职工劳动关系的稳定和谐。下面就是其中的一个典型案例。

【简要案情】2009 年 3 月 17 日上午 10 时左右，宁波宁兴金海水暖器材有限公司有 40 余名职工到职工维权中心上访投诉该公司拖欠职工工资。该公司当年年初经营状况不佳，从元月开始放假到 2 月 16 日上班，在 3 月份发放工资时，有的职工工资为零，有的职工工资是负数，因此引起职工的不满，引发了此次投诉事件。

① 引自在宁波市北仑区司法局调研中所获资料：《北仑区劳动争议联合调解中心工作运作方案》，第 3—5 页。

职工的投诉要求是按劳动法相关规定支付工资。宁波宁兴金海水暖器材有限公司主要生产铝制柱式散热器,其基本情况如下:法定代表人岑国辉,地址为新矸莫干山路36号,成立日期2004年9月2日,注册资本2600万元人民币,企业类型为中外合资有限责任公司,登记机关为宁波市工商行政管理局北仑分局,该公司目前有员工100多人。

【调解经过及结果】接到投诉后,劳动争议联合调解中心马上与企业取得联系,当日下午企业派一名副总到中心来说明情况,联合调解中心与新矸街道总工会一道听取了企业的情况。该公司受国际金融危机的影响,从2008年10月份开始,外贸订单减少,不能安排正常的生产,因此于2009年1月1日起,给职工放假到该年2月15日。当时公司承诺放假期间不发工资,但全年月平均工资不低于960元(企业经营状况恢复后职工要加班生产),年终结算。3月份发放工资时,部分员工一分钱没拿到,有的要倒扣,主要原因是:第一,公司的工资结算日是每月的25日,2月份只工作9天,加上工作量不足,因此工资不多只有几十元;第二,该公司的员工是与磐安县新世纪人力资源开发公司签订的劳动合同,在磐安交社会保险,职工每月要交68元。1月与2月份共需要交136元,因此造成应发工资为零或负数。

在了解基本情况后,联合调解中心调解员一方面耐心地做好职工的思想稳定工作,另一方面向公司宣传解释相关的法律规定,同时搭建企业经营者与职工沟通的平台,让员工了解企业困难。经过两天的时间,企业与职工代表交流沟通,双方互做让步,最终,企业按照劳动法的相关规定支付了员工相应的报酬。此次劳动争议事件的发生,职工虽然情绪比较激动,但行为还比较规范,没有过激行为,提出的要求也是合情合理的。企业方在事件发生前处理方法不妥,没有考虑职工的难处,但事情发生后,在处理问题的态度上还是积极配合的。

此外,北仑区联合调解中心通过对该起案件的调解,对该企业和职工提出以下建议:第一,企业人力资源干部和企业负责人加强劳动法规的学习提高工作能力，规范用工行为；第二，在目前的经济形势下，大力引导职工与企业同呼吸共命运共度时艰；第三，企业要加强与职工的交流与沟通。①

五、北仑区劳动争议联合调解机制的优势

从北仑区劳动争议联合调解机制的运行来看，有以下一些明显的优势：

（一）运行模式的优势

北仑区劳动争议联合调解机制在运行模式上具有极大的优势，具体体现为：

第一，二合一模式的优势。北仑区同步设立劳动争议联调中心和劳动争议人民调解委员会，实行两块牌子一套班子，两者在工作上紧密结合，在发挥职能上又有所区别。联调中心作为协调组织机构，在向上争取领导支持、横向联动互助，向下沟通联系、强化内部人员管理方面发挥着积极的作用；调委会则作为专门的调解工作机构，在劳动争议案件的受理、处理程序、处理结果上予以规范，并承担基层的业务指导工作。

第二，三方联动模式的优势。由工会、司法局、劳动局三家单位共同组建联调中心，找准了三家单位在处理劳动争议工作方面的共同点。工会熟悉企业和职工情况，充分发挥了职工“娘家人”的作用；劳动部门精通劳动法律法规，又有劳动监察作保障；司法局作为“老娘舅”，在专业调解方面积累了丰富的经验，“以奖代补”政策也给工作异常辛苦的调解员送上了一道“心灵鸡汤”。三家单位定期召开会议，研究商量工作开展中的相关问题。三部门联合办案的最大好处就是有效地整合了多方资源，让原本可能有多个

---

① 引自在宁波市北仑区司法局调研中所获资料。北仑区劳动争议联合调解中心：《关于宁波宁兴金海水暖器材有限公司群体劳动争议情况报告》，2009年3月19日。

部门接头的案子直接由联合调解中心统筹安排，既避免了多头受理、相互推诿的现象，又实现了快速高效化解劳动纠纷的目标。三方联动模式实现了优势互补、资源共享，形成了合力，完全符合北仑的实际。

第三，司法行政职能融合模式的优势。司法行政工作面广量大、线长点多，只有把各项职能资源有效整合起来，形成工作合力，才能发挥司法行政的整体优势，才能实现科学发展。资源的整合包括外部资源和内部资源两个方面。北仑区劳动争议人民调解机构的设置不仅是整合外部资源的一个具体表现，也是司法行政内部相关职能整合的一个举措。主要体现在法律宣传、法律援助、人民调解三大职能的相互交融。在劳动仲裁机构和联调中心，设置了法律援助工作站，聘请律师担任法律顾问，放置法制宣传和法律援助相关资料，在为职工帮困解难的同时，也对职工开展了有针对性的法制宣传工作，提高了职工的学法、守法意识。

（二）在促进社会和谐稳定方面的优势

北仑区劳动争议联合调解机制在促进社会稳定和谐方面的优势也非常显著。

第一，较好地发挥了“减压阀”的作用。区人民调解委员会有效的运行和“转移”的功能，大大减轻了信访部门和劳动仲裁机构的工作压力。劳动争议调解工作真正发挥了为政府减忧、为信访减压、为仲裁减负、为职工解难的作用。

第二，较好地发挥了“缓冲剂”的作用。企业和职工的命运是紧密相连的。在当前经济形势较为严峻的情况下，企业与职工的关系较为脆弱，矛盾一触即发，处在相对紧张的状态。企业迫于无奈实行裁员，一旦条件许可或生产正常，他们都想找老职工。因此在调解中，调解员一边向企业主宣传国家的法律法规，一边对员工开展思想工作，具体情况具体分析，建议职工接受弹性工资制或季节用工制，希望职工能够与企业共渡难关，这样既为企业解困，又给自己留了一条后路。对那些裁员量大的企业，调委会应及时掌握信息，提早介入，与厂方共同商讨方案，尽量避免发生群体性事件。如宁波丽阳化纤有限公司，因出现重大亏损决定于2009年4月整体裁员，调委会得到信息后，及时主动参与指导企业修改裁员方案，有效地化解了一场群体争议，企业裁员后，只有一名员工到"中心"申请调解，经中心的努力，双方理智地达成了协议。

第三，较好地发挥了"助推器"的作用。法律援助工作与调解工作同属于社会救济体系，在化解社会矛盾方面有着各自的优势。在非诉理念日益深入人心的今天，两者之间的关系日趋紧密。调解工作拓展了法律援助的外延，丰富了法律援助的内涵。法律援助与调解的对接是新形势下提高司法行政服务能力，为群众提供便民、利民服务的重要举措。劳动争议人民调解工作的有效开展，也为今后介入其他复杂领域（如物业管理）的纠纷处理工作提供了一个好的借鉴。①

六、北仑区劳动争议联合调解机制对劳动纠纷解决的启示

中国经过市场化改革，形成了明显的资本所有者与工人阶层的利益区分，在一定领域冲突和矛盾还比较集中。其中，外来务工人员与企业主以及企业管理者的矛盾和冲突成为主要的劳资纠纷表现形式。

北仑区对劳动争议采取的联合调解机制，本质上体现了"合作主义"的政策，即一是兼顾劳动者权益和民营企业的发展，二是兼顾法治原则和效率原则，三是维护调解自愿和多种选择的权利，四是将自上而下的动员和自下而上的参与有机结合。

因此，联合调解机制不仅是一种调解机制，还是一种对话模式，即通过政府和工会的参与，建立起三方对话与合作机制，政府、企业主和雇员通过开展对话与合作，三方可分别获取各自的社会

---

① 引自在宁波市北仑区司法局调研时所获资料。北仑区劳动争议联合调解中心总结材料：《创新劳动争议化解模式　全力维护社会和谐稳定》。

经济效果:政府谋求"和谐社会",企业主追求利润;雇员主张劳动权益和价值,各方基于合作实现共赢。这种对话与合作实现的是社会性整合的功能[1],有助于缓解劳动关系的紧张状态,更有利于增进社会凝聚力,促进社会和谐稳定。

七、小结

劳动争议联合调解机制是我国经济社会比较发达地区的实践创新,通过"三方合作"的模式,形成一种纠纷预防与处理机制。"联合调解"机制不是法治的对立面,而是促进法治进程的积极努力。作为一种新机制,既具有合法性,也具备合理性,在特定的权力关系之中,通过不同的权力技术和策略对不同的权力资源运用体现出了独特的效果。因此,不能简单地把它认为是对传统调解文化的延续。它所承担的功能是传统的调解机制所不具备的。它不仅具有解决劳动纠纷的社会功能,还试图通过"大调解"凝聚更广范围的社会团结。虽然具备解决劳动纠纷无可比拟的优势,但这种联合调解机制也难免存在缺陷与不足。地方政府的发展思路往往是先着重于GDP的增长,然后再考虑社会公平。为了经济的发展,会积极主动处理劳动争议,在一定程度上可能存在着地方政府支配社会的意图以及为此而牺牲当事人权利的情况。因此还需要在调解中坚持法制化的发展道路。

第三节 道路交通事故损害赔偿纠纷的人民调解实践:以宁波市鄞州区交通事故人民调解机制为例

2006年8月,鄞州区司法局与区公安分局交警大队共同组建成立的交通事故人民调解委员会,形成了规范、高效、公正的交通

---

① 赵红梅:《劳动法:劳动者权利义务融合之法》,《上海财经大学学报(哲学社会科学版)》2010年第2期。

事故调解机制，在全国首开以人民调解方式解决道路交通事故民事赔偿纠纷的先河。该调委会成立后至2014年底，已累计调解交通事故损害争议10.8万余起，总赔偿金额4.76亿余元，调解成功率达到100%。[①] 交通事故人民调委会的工作有效地缓解了公安交警精力不足的矛盾，拓展了人民调解工作领域，促进了社会和谐。现在，交通事故的调解机制已成为事故双方解决纠纷的“绿色通道”，被誉为道路交通事故的“宁波解法”。2010年7月，浙江省公安厅和浙江省司法厅联合在鄞州区召开全省道路交通事故损害赔偿人民调解机制建设现场会，对鄞州经验予以推广。《人民日报》、《人民公安报》、中央电视台、中央人民广播电台、浙江电视台等国家级和省级媒体相继予以长篇报道，引起了全国各地公安、司法部门的关注，从事交调工作的人员调解员被时任公安部副部长的刘金国誉为“专业的娘舅、免费的法官”。

一、鄞州区交通事故调解人民调解委员会的成立背景

鄞州区是2002年2月撤销鄞县设立的宁波市下辖区。全区总面积1346平方公里，下辖17个镇乡、6个街道，常住人口80余万人，流动人口达到90万人。改革开放特别是撤县设区以来，鄞州坚持以科学发展观统领全局，深入实施“当好科学发展排头兵、打造质量新鄞州”战略，经济社会发展取得了显著成绩。2012年，生产总值突破千亿元，达到1038亿元，增长9.3%，财政一般预算收入达到237.4亿元，增长11.1%，位居全省第一。

随着经济社会的快速发展，鄞州区道路里程、机动车社会保有量和道路交通流量不断增加。目前，区内道路1869.9公里、机动车27.22万辆、仅上牌电动自行车就达51万辆、机动车驾驶人40.12万人。交警部门的统计数据显示，近年来鄞州区道路交通事故总量每年都以10%以上的速度递增。以2012年为例，全区共发

① 引自在鄞州区进行相关实践调研时所获资料:《鄞州区交通事故人民调解委员会工作经验材料》,第1页。

生交通事故 41446 起(2006 年为 23898 起),日均发生事故 113.5 起,这其中涉及人员伤亡等因素,需要进行后期调解处理的事故占总数的 33.7%。交警部门每年投入很多警力调解事故纠纷,但受公安编制数的制约,交通事故处理警力难以得到相应增配,交通事故处理工作"质"与"量"的矛盾非常突出。

为切实提高道路交通事故处理工作效能,满足人民群众对交通事故处理工作快速、便民的需求,2006 年 8 月,宁波市鄞州区司法局会同宁波市公安局鄞州分局首开全国先河,成立了交通事故人民调解委员会,开展道路交通事故民事损害赔偿的人民调解工作,由此标志着道路交通事故赔偿纠纷的人民调解机制的形成。①

二、鄞州区交通事故人民调解机制建设情况

鄞州区交通事故人民调解机制的建设主要从以下几个方面来进行:

第一,完善组织,为调解工作提供物质经费保障。鄞州区交通事故人民调解委员会的建设得到区委、区政府的极大关注和支持,在机构设置、工作职能、人员配备、管理体制、经费落实等方面均进行了扶持并给出了相关明确规定。交通事故人民调解委员会作为区级层面的行业性专业调委会,依托公安交警管理网络,在交警大队下辖 10 个中队分别设立调解室,形成二级管理体系。区司法局派遣人民调解科干部担任调委会主任,负责对中队调解室人民调解工作的指导、考核、组织调解业务培训等。驻中队调解室配备 2 名专职人民调解员,目前全区共有专职交通事故人民调解员 17 名、兼职 4 名,构建起完善的交通事故人民调解组织网络。发生事故的当事群众,尤其是边远乡镇的群众都可以直接到就近的中队调解室申请调解,免去了来回奔波之苦,节省了时间和精力。

鄞州区积极按照规范化人民调解委员会的建设标准落实专门

① 引自在鄞州区进行相关实践调研时所获资料:《鄞州区交通事故人民调解委员会工作经验材料》,第 2 页。

的办公场所，配置电脑、电话、资料柜等硬件设施，保证公务用车。各中队调解室按照要求也相应落实办公室和调解室等设施场所，统一悬挂人民调解标志。由区编制办核定交通事故人民调解员人员编制，将调解员纳入区财政全额保障范围。人民调解员实行持证上岗，享受“以奖代补”鼓励政策。并将调解员的后勤纳入了交警中队统一管理范畴，使各调解室的后勤得到了有力保障。

第二，建章立制，为规范调委会的运作提供制度保障。在交调委会初创阶段，鄞州区就以高标准、高质量、高起点构筑长效管理机制，并在长期的实践过程中，逐步完善交通事故人民调解委员会的相关制度，对规范交通事故人民调解工作的业务流程，提高调解工作质量，拓展司法行政机关的业务职能起到了极大的作用。具体体现为以下三个方面：

一是完善调委会工作机制。在工作中逐步完善人民调解委员会工作职责、调解工作纪律、调解工作原则、双方当事人权利以及人民调解委员会廉政制度，落实人民调解委员会的岗位责任制、重大纠纷讨论制、例会、学习等各项制度。

二是制定量化考核制度。出台了《鄞州区交通事故人民调解工作考核方案》，根据各中队调解室的实际情况，确定调解人员的基本工作量，以基本工作加超量工作补贴的方式，对调解员的收入予以量化。每月对调解室的业务工作进行全面考核，以定性定量相结合的方法全面评价人民调解员的工作情况，实行完成基本工作量的领取基本工作，超额工作的以超额调解工作结案的件数在最高工资限额内案件加发超量工资的工资奖励制度。

三是实行24小时服务制和周末AB岗工作制。为尽可能方便群众，在十个调解室均建立了24小时服务制和周末AB岗工作制，接受群众的调解申请，双休日也安排调解人员值班接待和调处轻微简易的交通事故。

第三，规范程序，为增强调解工作实效提供质量保障。为确保交通事故人民调解工作严格依法推进，鄞州区从规范调解工作程序入手，不断推进工作的规范化建设，提高调解的法制化水平。一是细化调解工作流程，规范调解程序。制定人民调解员行为规范，严格人民调解员工作纪律；要求坚持依法调解、平等自愿、尊重当事人诉讼权利三项基本原则，调解纠纷的整个过程确保公开、公平和公正；统一发放工作证和人民调解徽章，调解员均持证开展调解工作。二是加强对重大案件调解工作的监督检查。对涉案金额较大、群体性交通事故个案实行调委会集体分析、讨论，并对调解程序、证据材料、文书制作等进行严格审查。三是以规范调解文书为突破口，推进交通事故人民调解工作的正规化建设。根据交通事故纠纷处理的特点，先后四次对原人民调解协议书进行了修订，推进交通事故调解书的标准化、格式化。除每月一次的定期考核外，每半年对各调解室的案卷进行全面检查督促，遴选优秀的卷宗文书下发给各调解室作为典型示范。

人民调解质量建设使得专职调解员的调解能力得到了明显提高，从调委会成立之初的中队调解室一般只受理赔偿金额3000元以下的小纠纷，到现在根据当事人的申请，逐步介入一些涉案金额较大、群体性事件和“疑难杂症”的案件，最高赔偿金额超过50万元，调解员也都能积极应对、妥善处置。①

① 引自在鄞州区进行相关实践调研时所获资料：《鄞州区交通事故人民调解委员会工作经验材料》，第3—5页。

三、鄞州区交通事故人民调解实践的典型案例

案例一

这是一起机动车与非机动车发生交通事故而引起的人身损害赔偿案件。

【简要案情】2009 年 11 月 22 日 13 时 20 分许，胡某驾驶搭载了陈甲的普通二轮摩托车(投保交强险)(搭乘陈某)在鄞州区五乡镇贵玉小学附近三岔口处由西往南方向右转弯的过程中，与陈乙驾驶自南往北行驶的无号牌电动自行车发生碰撞，造成胡某、陈乙及普通二轮摩托车后乘坐者陈甲受伤及车辆损坏。此起事故民警根据交通事故现场勘验笔录、当事人供述、证人证言、现场图及现场照片等证据材料认定，普通二轮摩托车主胡某驾驶机动车转弯时超速行驶，违反规定会车，负事故主要责任。无号牌电动自行车驾驶人陈乙行经事故地方未靠车行道的右侧行驶，负事故次要责任。乘坐人陈甲不负事故责任。事故中二轮摩托车驾驶员胡某肋骨两根骨折，在医院用去医药费两千多元，无号牌电动车驾驶人陈乙牙齿掉了五颗，颅底骨折且脑出血，住院十几天，医药费用去一万多元。

【调解经过及结果】事故双方当事人都是外来务工人员，经济上都比较困难，陈乙出院的第二天，他们就来到交通事故人民调解委员会鄞州区盛垫中队申请人民调解。双方当事人都独自一人在宁波，都希望尽快结案后各自回自己的老家去治疗。而且因为这次交通事故，陈乙的父母从四川赶来宁波照顾他，而将他未成年的妹妹独自一人留在家中，父母很是担心。所以，如何快速地解决纠纷使当事人得到赔偿成为解决本案的关键。

在调解中，调解员依据事故发展状况，兵分两路。第一，先让胡某和自己的车辆承保公司联系，并约好时间到交通事故人民调解委员会鄞州区盛垫中队陪同调解。第二，让陈乙到医院去和医生说明情况，看能否一次性开出病假条及后期镶牙齿费用的证

明，然后再到自己的公司把出事前三个月工资清单、劳动合同、收入减少证明、银行入账单办好，并告知当事人遇到困难可以找人民调解委员会协调。调解员还跟当事人约好到盛垫中队调解的时间。

胡某及陈某和保险公司的理赔人员在调解开始后的第二天上午如约到了中队，人民调解员首先与保险公司理赔人员进行沟通。根据《道路交通事故受伤人员临床诊疗指南》，陈乙的病假条应为90天，而陈乙现有的病假条只有住院期间的17天，加上调解员和医生沟通后出具的30天病假证明，一共只有47天，两者相差43天；需要镶的五颗牙齿费用无法证明，陈乙刚进公司一个多月，工资未发，劳动合同也未签，公司怕惹麻烦不同意为陈某开具工资证明，如此，调解陷入了僵局。之后，经过调解员亲自前往陈乙工作的公司与其负责人进行反复沟通和解释，最终公司老板出具了陈乙的工资证明。当天下午，保险公司理赔经理了解到事故双方当事人的困难后，终于同意误工费按90天，每天工资按清单上算，后期镶五颗牙齿费用按照每颗牙齿400元计算。陈乙觉得镶牙齿费用太低而提出了异议。调解员根据实际情况提出后期镶五颗牙齿费用按每颗400元计算，并考虑到镶牙齿时要做角固定，可按七颗牙齿计算实际赔偿数额。另外，门牙五颗按看好处理的话可能评伤残十级，因为陈乙要回老家，而评伤残要三个月以后，故调解员提议按评伤残十级费用减半算。最终，双方都同意并在调解书上签字。处理好事故的第十天，经普通二轮摩托车驾驶员胡某授权，保险公司直接将钱如数打到了陈乙的账户上。

这是一起机动车与非机动车发生交通事故而引起的人身损害赔偿纠纷。二轮摩托车的车主胡某已投保交强险，根据《机动车交通事故责任强制保险条例》第三条以及根据《最高人民法院关于审理人身损害赔偿案件适用法律若干问题的解释》第十七条的规定，本案陈乙的损失主要由保险公司赔付。因为受害人情况特殊，调解员充分发挥诉前调解的作用，积极帮助受害人取得各项赔偿的证据，在与保险公司的沟通与协商中入情入理，最终快速地解决了本次争议。①

案例二

这是一起涉及交通事故和劳动工伤是否可重复赔偿问题的案件。

【简要案情】2012年10月11日，宁波市鄞州区塘溪某厂职工杨某于中午11时去厂里上班途中，途经施村凉亭处，被陈某骑行的电动自行车撞，造成其左前臂挫裂伤，左尺动脉、神经断裂等伤势。后交警认定陈某负全部责任。受伤后，因陈某经济赔偿能力有限，杨某只从陈某处获得了部分人身损害赔偿款。这些赔偿款对杨某来说“杯水车薪”，杨某认为此次受伤也可认定为工伤，进行了劳动工伤伤残鉴定，为十级伤残，遂向单位提出赔偿要求，遭到单位拒绝。单位对杨某已经向交通肇事方索赔之后再向厂方索赔的重复赔偿要求非常不理解，因此拒绝了他的要求，继而引发双方矛盾。

【调解经过及结果】塘溪镇人民调解委员会受理案件后，调解员首先对事实进行确认。经了解，双方当事人都认可这起交通事故是发生在雇员上班途中，根据工伤条例的规定应认定为工伤。其次，确认适用的法律。在既构成交通事故，又符合劳动工伤的情况下，适用何种法律即为解决问题的关键。调委会查阅了《最高人民法院关于审理人身损害赔偿案件适用法律若干问题的解释》，根据其中第十二条的规定，劳动者因工伤事故受到人身损害，按《工伤保险条例》处理。但该条例中并没有针对交通事故造成的工伤做详细规定。进一步查阅资料后发现在《浙江省人民政府关于进一步做好工伤保险工作的通知》(浙政发〔2009〕50号)中有相关政策规定，即:“在遭遇交通事故或其他事故伤害的情形下，职工因劳动关系以外的第三人侵权造成人身损害，同时构成工伤的，依法享

① 鄞州区盛垫中队交通事故人民调解委员会调解的案件。摘自鄞州区司法局编:《鄞州区人民调解工作典型案例汇编》，第123页。

受工伤保险待遇。如职工获得侵权赔偿，用人单位承担的工伤保险责任相对应项目中应扣除第三人支付的下列五项费用：医疗费、残疾辅助器具费、工伤职工在停工留薪期间发生的护理费、交通费、住院伙食补助费。”这里明确了职工在获得侵权赔偿后，还可向单位申请劳动工伤赔偿，只是职工获得侵权赔偿后，用人单位承担的工伤保险责任相对应项目中应扣除第三人支付的上述有关五项费用。调委会据此对职工和单位进行调解，对单位负责人进行法律解释，厘清双方之间的法律关系，最终双方达成一致意见，由单位赔偿杨某劳动工伤赔偿金 23000 元。

工伤保险关系与交通事故损害赔偿关系是两个不同的法律关系，浙政发〔2009〕50 号文件对工伤保险政策的细化规定有利于实践中对劳动者的权益保护。①

案例三

这是一起关于上班途中发生交通事故是否可以重复赔偿的案件。

【简要案情】2013 年 11 月 19 日 10 点 18 分，胡某从鄞州区路通养护中心去建筑工地路上，途经天宫路湾底桥岔口时发生交通事故当场死亡，肇事车辆为张某驾驶的宁波牌照货车。经鄞州区交警大队事故认定，货车驾驶员张某对该交通事故承担全部责任。后货车驾驶员张某向胡某家属赔付了各项交通事故人身损害共计 50 余万元。交通事故赔偿完毕后，胡某家属聚集二三十人找到胡某单位鄞州区某公司，要求单位按照工伤保险赔偿另行赔偿胡某工亡补助金、家属抚恤金等各项费用共计 70 万元。公司则认为胡某是交通意外死亡，与单位无任何关系，且家属已经获得了死亡赔偿，再申请工伤赔偿纯属无理取闹，双方谈判陷入僵局。因此，2013 年 11 月 21 日，双方找到首南街道人民调解委员会申请

① 塘溪镇人民调解委员会调解的案件。摘自鄞州区司法局编：《鄞州区司法局鄞州区人民调解工作典型案例汇编》，第 54 页。

调解。

【调解经过及结果】街道调委会受理此案后，迅速做出反应。一是联动合作，做好稳定工作。调委会联合街道综治科、信访办、劳动和社会保障服务站等成立矛盾联合调解小组，全面了解和掌握此次事件的有关信息。劳动和社会保障服务站根据相关法律规定对胡某是否属于工伤保险范围进行认定，同时由信访办做好相关当事人的稳定工作，防止群体性事件的发生。二是调查事实，找到本案法律问题焦点。经过调解员对相关事实进行调查研究，认定了相关事实，即11月19日10点18分，胡某在工作时间因工作事由前往建筑工地，发生交通意外，属于在上班时间遭受意外伤害，应当认定为工伤。胡某的工伤保险赔付应当由单位全额承担。因此，本案的争议焦点在于胡某已经获得了交通事故的损害赔偿，再获得工伤赔付是否让当事人获得了重复赔偿。该法律问题的解决是整个调解的关键所在。于是调解员迅速查找相应法律条文，同时咨询区社保局对于该问题的意见并得出结论：胡某死亡在获取交通事故赔偿后，仍然可以要求用人单位支付工伤保险赔偿，但需要扣除已获赔的医药费。三是情法并重，“背对背”做好当事人调解工作。调解员在对相关事实和法律仔细研究基础上，对症下药地开展调解工作。首先对用人单位一方做好法律条文和规定的解释工作，讲明重复赔偿的法律依据。同时对胡某家属一方做好安抚工作，按照工伤保险赔付标准对具体金额进行计算，胡某家属提出70万元的依据过高，进一步降低其心理价位。

经过调解员三天的努力，最后促使双方达成协议：由鄞州区某公司一次性向胡某家属赔偿丧葬补助金、供养亲属抚恤金和工亡补助金等共计19.8万元。

本案的成功调解在于找准了争议中所涉的法律问题这个焦点：在获得交通事故人身损害赔偿的基础上，是否还可以根据工伤保险有关规定向用人单位申请工伤保险赔偿。根据《浙江省人民政府关于进一步做好工伤保险工作的通知》（浙政发〔2009〕50号）的相关规定，交通事故或其他事故伤害的情形下，职工因劳动关系以外的第三人侵权造成人身损害，同时构成工伤的，依法享受工伤保险待遇；如职工获得侵权赔偿，用人单位承担的工伤保险责任相对应项目中应扣除第三人支付的医疗费、残疾辅助器具费、工伤职工在停工留薪期间发生的护理费、交通费、住院伙食补助费等五项费用。如此，交通事故人身损害赔偿和工伤保险赔偿属于两个不同的法律关系，胡某家属申请的工伤保险赔偿于法有据，在调解中其合法权益得到了充分保护。①

四、道路交通事故人民调解机制的成效和经验

自鄞州区将人民调解引入道路交通事故的解决并建立相应的机制以来，已取得了很大的成效，积累了宝贵的经验，具体体现为如下的一些方面：

第一，探索了部门联动新模式，为行业性、专业性人民调解委员会的建设积累了经验。

交通事故人民调解委员会整合了司法和公安行政的力量，成功地把人民调解引入到道路安全事故损害赔偿的处理当中，有效地维护了道路交通安全秩序。人民调解员在对当事人进行调解的同时，还适时开展道路交通安全法制宣传。遇到当事人经济困难的情况，还积极指导当事人向法律援助中心申请法律援助。在2012年底交警大队法律援助工作站建立后，更加方便了为交通事故当事人提供法律咨询等服务，帮助其申请法律援助等工作。同时，人民调解员还可以研判道路交通安全形势，向公安交管部门提供改进道路交通安全管理工作的决策依据。实践证明，交通事故人民调解委员会的成立充分发挥了司法和公安行政部门的各自职能优势，形成了合力，不仅维护了道路交通安全稳定，还把各类因道路交通事故损害赔偿争议有效地化解在萌芽之中，维护了社会稳定。

① 首南街道人民调解委员会调解的案件。摘自鄞州区司法局编：《鄞州区司法局鄞州区人民调解工作典型案例汇编》，第24页。

第二，化解了大量交通事故纠纷，提高了交通秩序的管理效能。

2012 年，鄞州全区交通事故受理总量达到 41446 起，除 27466 起由路面民警快速处理外，另有 13980 起交通事故需要进行调解处理及制作法律文书，鄞州区公安分局交警大队仅有 17 名事故处理民警，平均每个民警每天要查勘、调解处理 2.2 起交通事故，而调解工作又是交通事故处理环节中最耗时的一项。而将民事调解职能剥离给人民调解组织处理，把交警部门从大量的道路交通事故民事赔偿调解工作中解脱出来，使事故处理民警能集中精力做好事故现场勘查、当事人笔录等法律文书制作、交通事故责任认定等工作，从而有效地减轻交通事故处理民警的工作强度，提高办案质量。为交警部门从单一处理交通事故模式向处理交通事故和预防交通事故职责的转化提供了条件，提高了道路交通秩序管理的效能。

第三，便民利民，提升了交通事故处理的公信力和满意度。

交通事故人民调解委员会的成立，改变了交通事故纠纷均由事故民警负责处置，从现场勘查、当事人笔录制作、交通事故责任认定到民事赔偿调解“一人办案办到底”的状况，专职人民调解员站在中立的“第三方”角度调解道路交通事故，“依法依理、公正公平”的调解方式得到了群众的认可。我国相关法律和司法解释中早已明确了人民调解协议的法律约束力，为交调之后达成的调解协议中的赔偿义务的履行提供了法律上的保障。鄞州交调委进一步通过协调市保监局将交通事故人民调解的调解协议书纳入各保险公司理赔的法定文书范围，使得调解协议的实际履行获得了更加切实的保障。①

---

① 引自在鄞州区进行相关实践调研时所获资料：《鄞州区交通事故人民调解委员会工作经验材料》，第 5—8 页。

五、道路交通事故人民调解机制的不断完善

应该说，鄞州区采用人民调解的方式解决道路交通事故纠纷，是人民调解朝着行业性、专业性方向发展的有益尝试。在社会经济的不断发展，矛盾纠纷的复杂性、对抗性、群体性增强，同时一些深层次矛盾不断涌现，劳资、医患、交通事故、环境污染等具有较强行业性、专业性特点的矛盾纠纷逐年增多的大环境下，纠纷调处压力、调处难度增大。在道路交通管理领域依照《人民调解委员会组织条例》的规定，成立专门的人民调解委员会是鄞州的一个创新，它的建立极其成功的运作，为后来的医疗纠纷、劳动争议、物业管理等行业性专业人民调解委员会的建立提供了宝贵经验，将继续对今后其他行业性专业人民调解委员会的建立提供帮助。这种发展方向也已为2010年的《人民调解法》所确认。

当然，交通事故纠纷人民调解机制作为一项社会管理工作的创新之举，本身也处在探索和不断完善的过程之中，至少在以下三个方面还存在着很大的努力空间。

首先，应当进一步加强部门之间的沟通与协作，形成工作合力。交通事故人民调解涉及多个部门，如何整合好各个部门的资源，形成工作合力。结合当前运行实践，应当进一步加强公安机关与司法机关两个交通事故人民调解主管部门之间的沟通与合作，建立多种形式的联系机制，及时分析研究、有效解决运行中出现的各种问题，共同扶植交通事故人民调解新机制，确保实现调解过程各项工作的“无缝”对接。同时，要加强行政调解、人民调解、司法调解之间的相互衔接与配合，进一步推动诉调对接、公调对接、检调对接，充分发挥相关职能部门在交通事故调解中的职能作用，建立健全“三位一体、互为补充”的交通事故调解格局。

其次，应当进一步加强人民调解员培训，提高依法调解水平。调解员的综合素质和调解能力是做好交通事故矛盾纠纷调处化解工作的基础，也是调解成功率的前提和保障。所以，应当将如何提升调解员的素质放在首位，一方面，要把那些热心人民调解工作，

有着较强奉献精神，又具有较高文化水平、法律素质的人员吸收到人民调解队伍中来。交警部门要加强对人民调解员道路交通事故处理相关业务的指导，通过脱产培训、案例模拟、现场参与调解、案例评析等多种方式不断提高调解员的法律水平、政策水平、法规意识；另一方面，应进一步完善激励机制与相应的考核奖惩机制，通过每年对优秀调解员和先进调委会进行表彰和奖励，调动调解员的积极性、创造性。同时，做好经费保障，确保调解员队伍稳定，促进调解员队伍的专业化建设。

最后，应当进一步完善交通事故救助配套机制，妥善解决调解协议履行难的问题。对于交通事故受害人一方来说，让受害者或是受害者家属内心感到宽慰的不仅仅是对责任者的处理，而是更具实际意义的赔偿。然而，在交通事故处理中，时常会碰到交通肇事者因为车辆没有投保或赔偿数额超出保额较大而无力对事故造成的损失进行赔偿，交通事故受害者因得不到赔偿费用，在依法调解事故损害赔偿过程中处于两难境地。另外，交通事故受伤者在医院治疗用药，各保险公司有明文规定，非医保目录用药不属于赔付范围。因用药问题产生的矛盾也是交通事故调解的一个难点和焦点，往往使调解工作难以正常进行。针对上述调解工作中存在的难题，应当不断完善交通事故救助相关配套机制，一方面要进一步提高垫付道路交通事故中受害人人身伤亡的丧葬费用、抢救费用，将赔偿纠纷解决在基层，矛盾化解在萌芽状态，最大限度地减少社会不和谐因素。另一方面，各医疗机构要严格按照医保目录用药，控制使用非医保目录药物，减少道路交通事故当事人之间的矛盾。①

① 叶兴良：《完善配套机制 破解调解“执行难”》，http://www.cpd.com.cn/epaper/jtzk/2013-07-16/03b-1.html.（2015/10/9）

第二章　浙江省独具特色的人民调解实践

第一节　历时五十余年而声誉不减的“枫桥经验”:“枫桥式”大调解体系

枫桥镇位于诸暨市东北部,毗邻绍兴市柯桥区。枫桥镇是一个千年古镇,北宋置镇,南宋设县,久负盛名。理学家朱熹四次到枫桥传经讲学。明代廉吏海瑞在枫桥亲书“海眼”两字,以褒扬乡风。1939 年 3 月,周恩来到枫桥做抗日演讲。枫桥人才辈出,文化底蕴深厚。元、明书画大师王冕、杨维桢、陈洪绶史称“枫桥三贤”。曾任北大校长何樊候、中国“小麦之父”金善宝、航天学家冯绥安皆为杰出精英。目前,枫桥镇域面积 165 平方公里,总人口 9.6 万,其中常住人口 7.6 万,辖 28 个行政村,2 个社区,是中国名品衬衫之乡,浙江省中心镇、省级历史文化名镇。枫桥镇先后获全国先进基层党组织、全国文明镇、浙江新农村建设示范镇等荣誉称号,连续五次荣获全国综治先进集体,两次获全国综治最高荣誉“长安杯”。枫桥镇目前拥有各类企业 7000 余家,规上企业[①] 86 家,上市公司 2 家,2013 年国内生产总值 56.4 亿元,财政收入 3.81 亿元,农民人均纯收入 22892 元。[②]

---

① 规上企业:是规模以上企业的简称。一般以年产量作为企业规模的标准,国家对不同行业的企业都制订了一个规模要求,达到规模要求的企业就称为规模以上企业,规模以上企业也分若干类,如特大型企业、大型企业、中型企业、小型企业等。

② 引自枫桥调研资料:《枫桥经验》,2014 年 3 月,第 1—2 页。

一、"枫桥经验"的历史沿革

枫桥镇人杰地灵,其闻名全国很大程度上与"枫桥经验"有关。20 世纪 60 年代初,国内遭受自然灾害,国际形势风云变幻。中国共产党负重奋进,于 1963 年在全国开展社会主义教育运动。其间,枫桥干部群众创造了"在党的领导下,依靠和发动群众,坚持矛盾不上交,就地解决,实现捕人少、治安好"的"枫桥经验"。[①] 毛泽东肯定地说,这就是"少捕,矛盾不上交"。1963 年 11 月 20 日,毛泽东主席亲笔批示,"要各地仿效,经过试点,推广去做"。由此成为全国政法综治战线的一面旗帜。

如今,半个世纪来,枫桥的历届党委政府紧紧依靠群众,一代又一代传承党的优良传统和作风,不断激发群众的创造活力,使"枫桥经验"牢牢扎根于群众之中,不断地与时俱进,成为实践党的群众路线的一面旗帜。跨入 21 世纪后,富有创新精神的枫桥干部群众,把坚持和发展"枫桥经验"置于中国特色社会主义事业发展大局,把人民群众对平安建设的要求作为努力方向,以大平安统筹社会和谐,坚持源头治理、系统治理、综合治理、依法治理,激发创造活力,积极改革创新,着力建设平安诸暨,开创了社会有秩序、发展有保障、人民有幸福的和谐局面,成为当代中国平安建设的典型与示范。"枫桥经验"的坚持与深化,得到从中央到地方各级的广泛宣传和肯定,被给予了至高荣誉。毛泽东、邓小平、江泽民、胡锦涛等领导人都重视和关怀"枫桥经验";习近平总书记一直关心"枫桥经验"的创新发展,一再强调要不断总结推广,指导全国。

二、"枫桥经验"的内容

在解读"枫桥经验"的时候,需要对其全貌进行了解。要在动

---

① 以下关于"枫桥经验"的解读大多引自赵义所著的《枫桥经验:中国农村治理样板》(浙江人民出版社 2008 年版)一书。引用的具体页码在相关部分结束处予以详细标注,特此说明。

态的状态下了解“枫桥经验”，离不开以下几个方面的强调：

第一，创建“枫桥式”平安乡镇。创建“枫桥式”平安乡镇是新时期“枫桥经验”发展的最新成果。2002年8月，枫桥率先开展平安乡镇建设。2003年5月，诸暨市委总结乡镇的决定，把人民群众满意不满意、高兴不高兴、答应不答应作为平安建设的根本目标，把平安“八创八进”作为基本载体，立足长治久安，不断把平安建设引向深入。

第二，创立综治工作中心。枫桥镇在2003年8月率先成立了“五位一体”的综治工作中心，经过进一步整合力量，拓展功能，2012年初创新建立社会服务管理中心。2013年移址新建的社会服务管理中心面积1900平方米，集社会管理、维护稳定、平安建设、公共服务、信息指挥、办公管理六大工作区域为一体，整合近30个部门窗口或功能，工作人员50余人。中心由综治办牵头，实行“矛盾联调、治安联防、事件联勤、问题联治、平安联创、管理联抓”六联机制。开展集中办公、集约管理、集成服务，成为基层一站式受理、一条龙服务、一体式运作的社会服务管理平台。

第三，基层社会治理网格化。基层是社会的基础，基础不牢，地动山摇。2008年6月，枫桥镇全面实行综治网格化，并逐步向全市推广。将政府社会治理工作中基础性、根本性、底线性的职责融入网格，形成“全覆盖、无缝隙”的管理体系，提供精准、有效的服务和管理。

第四，公共服务全覆盖。以镇社会服务管理中心为龙头，一站式办理，综合协调提供全方位公共服务。村、社区、企业设立社会服务管理站，实行全程代办制度。

第五，社会治理法治化。以依法行政为前提，全力打造法治型政府，积极营造公平正义、执法公开透明的法治环境。全社会的法制宣传、法律援助、司法救助形成常态工作机制，法制宣传教育“六进”活动蔚然成风。社会保障、城镇建设，化解矛盾、公共服务纳入法制轨道。以“民主法治村”创建为载体的基层民主政治建设进一步推进，民主决策、民主管理形成制度化、规范化、法制化。

新时代,“枫桥经验”这面高扬旗帜在构建和谐社会的大潮流中仍将高高飘扬。

三、枫桥经验的核心:调解有道

从社会治安综合治理角度看,调解工作走在矛盾激化前是关键的一个环节。“枫桥经验”中的调解,存在着从村到镇以及到各个职能部门的介入而形成了比较完整的网络和体系的显著特点,具体调解工作的开展中形成了特有的一些调解方法和技巧。

(一)针对乡土邻里纠纷的特点形成的调解方法

无论在中国的农村还是城市,最为经常发生的便是邻居之间因为一些琐碎小事,用口头禅骂了对方一句娘而引起的口头争吵,继而升级为动手打架等恶性伤人事件。类似这种纠纷其实已经够条件进入国家的司法程序去解决。但与城市社会有区别的是,乡土社会最重要的生态概念是邻里。如果说城市是一个陌生人社会,那么乡土社会更多的是一种熟人社会。因此,乡土社会的调解更多的是追求和好,着重人情。“枫桥经验”半个世纪以来,有一点始终没有变,那就是村级的民间矛盾纠纷主要是邻里纠纷为主,以及由此造成的一些土地、建房、伤害等纠纷。法律上有相邻关系、相邻权这些概念,但乡土社会的邻里纠纷,仅仅依靠这些法律概念,是无法完全解决的。熟人社会非常看重双方的和好,其治理手段讲究双方真正能从心里消除芥蒂。尤其是伤害纠纷,这类纠纷具有时间的突发性、后果的严重性和事后的反复性等特点。大量事实证明,它是影响乡村社会不安定的因素之一。因此,“枫桥经验”中的调解,分清双方的责任固然重要,但化解双方内心的芥蒂,避免今后矛盾纠纷的反复发生才是其中最为重要的。

为此,农村调解工作十分讲究技巧,其中包括如何化解对立情绪的技巧、如何背靠背摸清双方心思的技巧、如何抓住矛盾缓和机会“一举成功”的技巧等。只有在这个基础上,已经上升到纠纷的矛盾才会得到化解。所以关键之处还是在于化解矛盾对立的第一步选择什么样的方法。枫桥镇本地的新老调解员经过多年实践，从实践中不断总结调解方法，形成了下面一套行之有效的具有规律性的方法。

第一，分开谈话法。某些打架引起的伤害纠纷和商业上的合同纠纷，可以适用此方法。因为这样的纠纷，往往对事实各有各的说辞，因此不能一开始就把当事人叫到一起调查，而是要分别谈话，两相对比，找出事实。并且这类纠纷，当事人往往情绪比较激动，如果盲目叫到一起进行调查和谈话，反而容易激化矛盾，加深双方的对立。

第二，冷处理法。如对一时冲动而闹离婚的纠纷，适用此法。一时冲动，就先让当事人冷静一下，如果急着去调解，可能会起反作用。让当事人自己冷静下来，对问题的认识就会清醒很多。

第三，软硬兼施法。这一方法在邻里纠纷和土地纠纷中运用得比较多。这类纠纷往往是利益纠纷，一旦纠纷发生，在农村社会容易形成"抬头不见低头见，小吵天天有，大吵三六九"，舌战不停，甚至可能发生暴力冲突。一方面要充分尊重当事人，让其能够倾诉，有耐心，让当事人道尽说完。同时也要有硬的一面，就是一定要让当事人认识到有可能承担的政策、法律的后果，造成当事人的顾忌，以免调解过程中事态扩大。

第四，析错法。对打架引起的伤害赔偿、离婚纠纷可以适用此法。这些纠纷，分清对错是关键，并且当事人要认同，因为责任划分是最后划定责任的关键依据。

（二）对容易激化的纠纷在调解中注重情理法的融合

相对于因一时情绪激动而发生冲突的小矛盾，农村社会还有一种矛盾纠纷，因为涉及个人的自身长期利益而发生冲突。由于双方不加克制，不断发生冲突，甚至常常导致纠纷升级的事件，并同时因为这些升级而使双方的仇恨情绪越来越大。这样的案例，在枫桥虽然不多，但经过长期的积累，总量上也有一些。在乡土社会的邻里纠纷中，有些发展得已经相当复杂了，既包括刑事案件，也有令各级干部相当头疼的重复上访问题。“枫桥经验”的调解机制面临着艰巨的考验。积怨颇深的纠纷往往需要“一举成功”，否则反复起来，难有尽头。但关键是抓住什么样的切入点。调委会分析，达成了一个共识：对于发展了很长时间的矛盾纠纷，对此类纠纷的切入点在消除当事人的心理障碍，就是如何逐渐消除当事人一味想惩罚对方的偏执。对此，调委会祭出了法理情相融的法宝。

法，就是从法律后果入手。在与当事人的谈话中，调解员从法律关系入手，告知当事人涉事的相关法律依据，以及胜诉败诉的相关法律后果。让情绪激动的当事人知道事情发展的法律后果，包括对其不利的法律后果。

情，就是从家庭入手。调解员会在劝说中指出，纠纷已经闹了很多年，双方的孩子都已经懂事，让他们生活在与邻居的吵闹中，对孩子的心理健康会造成重大影响，纠纷再得不到解决，就会留给孩子，现在是纠纷，到孩子身上就成了仇恨，你已经付出过代价，难道还希望这种事情发生在孩子身上？

理，就是从当事人的身份入手。在开导中，调解员会指出，你是生意人，应该懂得和气生财、和为贵的道理，与低头不见抬头见的邻居每天绷着脸、怒目相视，不但心情不好，而且还会影响生意，又何苦呢？

调解工作中，情理法的融合能够让当事人做出理智的选择而最终让纠纷得以妥善解决。

（三）法庭劝导

在现实生活中，由于当事人对法律法规并不清楚，“讨说法”的法制观念较强，在一些小的矛盾和冲突发生的时候，本来可以通过低成本的调解方法解决，但他们却误走了法律渠道。枫桥经验是把对这些案例的疏导纳入整个调解程序之中，以避免当事人付出过高的法律成本，也避免矛盾因上法庭而激化。

对于“枫桥经验”而言，劝导是枫桥人民法庭重要创新的一个环节。2003 年,枫桥人民法庭为了实现"枫桥经验"与法院工作相结合、人民调解与法院审判相结合的创新和突破,提出了"(诉前、诉时、诉中、诉后)四环指导法"。

"四环指导法"是指抓住四个环节,建立四项制度,法庭全方位指导人民调解工作。通俗地说,就是在诉前、诉时、诉中、诉后四个环节中,适时地对人民调解工作加以指导。诉前,法官作为法律指导员,定期到人民调解委员会辅导工作;诉时,对于简单的诉讼案件,尽量引导人民调解委员会解决;诉中,即法院开庭时,请人民调解员来陪审或旁听;诉后,即法庭判决以后,对人民调解委员会调解过的,及时向调解会反馈,为他们今后处理类似的纠纷案件提供借鉴。

在实行"四环指导法"以后,枫桥人民法庭审理和执行的案件数量大幅下降,且大部分案件最后都以调解的方式解决。[①]

四、"枫桥经验"的成效和经验

"枫桥经验"多年的实践中始终在与时俱进,取得了很好的很大的成效,也积累了丰富的经验。

(一)枫桥式息讼:人际关系得以修复

"枫桥经验"中对于人民调解作用予以了高度重视,并能在对其运用中达到息讼的效果。

在我国的法治发展过程中曾经一度过分强调正式的争端处理机制,忽略了调解等其他非正式解决方式的作用。"枫桥经验"在这方面有宝贵的探索。"枫桥经验"在发展中也经历了乡土社会和法律的相互调适的过程。这是"枫桥经验"对法治建设的另一个贡献。

自从党正式提出依法治国战略以来,以与国家大战略相嫁接

---

① 赵义:《枫桥经验:中国农村治理样板》,浙江人民出版社 2008 年版,第 78—90 页。

为特色之一的“枫桥经验”，就不能不面临“枫桥经验”与法治的关系的考问。这是因为“枫桥经验”出身于乡土，党政结合各方面力量主动下沉，齐抓共管，乡土人情、传统道德在化解社会矛盾纠纷中发挥着重要作用。前述考问变成了法律在乡土社会的边界这个问题。从纠纷解决这个角度看，无论什么样的国家，包括世界上先进的法治国家在内，法律只是其中的一种手段。当把法律从工具变为目的的时候，往往容易破坏社会伦理关系，反而不自觉间制造了民间社会的各种冲突。

当然，这并不是说我们不需要法律。客观而言，当今中国在努力建设法治国家的过程中，法律贯彻的程度和力度的确不如人意，也让法律制定者和执行者深感无奈。为了改变这种不如意的现状，加强法律的贯彻，我们现在按照现有的行政结构中的条块格局，按照行政层级和管理领域，纵向依法治国、依法治省、依法治市、依法治镇、依法治村甚至依法治家，横向依法治税、依法治路、依法治湖、依法治农(机)、依法治交(通)。

但对于“枫桥经验”与法治的关系的思考，也要注意这样一个角度，即在建设法治国家的道路上，人们往往忽视的一点是，法律在贯彻的过程中，和社会的、民间的风俗、习惯、惯例、乡土心理等，势必要经历一个相互调适的过程。寻找法律边界的过程，也是这样一个相互调适过程。如果忽视了这个调适过程，只是以贯彻法律为唯一价值取向，那么就会制造另外的紧张和冲突，不但达不到解决纠纷的目的，反而会成为矛盾纠纷的诱因。而“枫桥经验”发展过程中形成的矛盾纠纷解决机制，正是蕴含了这样一个相互调适的过程。在枫桥，党政干部和乡村自治组织的当家人经常大量做着这方面的工作，诸如通过细致耐心的思想工作，让当事人化解对某项判决的不公平感；在法律和民间的风俗习惯、惯例一时出现不相协调的情况时，通过细致耐心的思想工作，让当事人在此情况下能稳定情绪，寻找合适的解决方法。

应该说自上而下推行和贯彻法律，只是法治生活方式形成中的一个手段。法治真正能够在公众心中扎根，成为一种生活方式，不仅仅需要贯彻法律，逐渐让法律的权威地位确立起来，同时也需要寻找法律的边界。民众不是生活在真空里，他们有自己的社会关系，有自己的社区长久形成的生存规则。正是在公众一点一点体会到自己所浸染其中的风俗、习惯、惯例及心理与法律的界限时，法治的生活方式才能一点点发芽，才不会在民众的心中留下"法治，法治，就是用法治老百姓"的印记。

"枫桥经验"调解中注重人际关系的修复可以以下面一个案件的处理为例。

【简要案情】枫桥镇一名老司法员曾经处理过这样一个纠纷。2005 年的一天，因为新农村建房纠纷，村民和村支书发生了激烈冲突。在冲突中，这名村支书被打致轻伤。村支书被村民打了，心中的气恼可想而知。于是，这名村支书向派出所报了案，并且反复申明，不接受任何调解，一定要追究这个村民的刑事责任。这个村民事后也十分后悔，但一时冲动，祸事已然闯下，因为致人轻伤已经需要追究其是否承担刑事责任了。他于是找到了司法局，想让镇调解中心出面和对方进行调解。

【调解经过及结果】对于这种案件，如果是在 2002 年之前，司法局也没有好的办法。不过，2002 年之后国家出台了政策，伤害案件构成轻伤即使已经由公安机关立案，也是可以调解的。浙江省在 2005 年也做出了更为细致的规定，轻伤犯罪案件在侦查、审查、起诉过程中，具备三个条件的，经审查属实，公安机关可以撤案，检察机关可以作相对不起诉：当事人双方自愿就民事赔偿问题达成一致，形成书面协议；当事人双方和解，被害人书面要求或者同意不追究犯罪嫌疑人刑事责任；犯罪嫌疑人本人确有悔罪表现，社会危险性已经消除，不需要判处刑罚。但这名村支书铁了心要出一口恶气。于是，这位老司法员就找到了这名村支书的一个好友——另外一个村的支书，出面来做工作。经过多方努力，终于使这名村支书转变了心意。派出所也随后收到了一份双方要求协议解决，并不再追究这个村民任何法律责任的正式报告，此纠纷最终以达成调解协议的方式获得解决。

如上纠纷的调解解决，当然需要一定的条件，首先是法律和政策有这样的空间，其次是有好的调解机制和调解员队伍，最后是需要一点文化性的东西。其中特别重要的是干部能够沉下心去反复做思想工作，能够在情感上逐渐弱化当事人的复仇性情绪。在这个过程中，还需要动用乡土社会中各种非正式关系的力量，同时需要调解员对法律和政策能够熟练掌握。老司法员在提到哪些属于轻伤案件时，就很熟练地列举出这样一些情况：鼻梁骨骨折、门牙掉2颗、脸上或头部被利器造成伤口6厘米或钝器造成伤口8厘米、耳膜穿孔听力低于50分贝等等。

此外，如果所有乡土社会熟人之间的轻伤案件，都要进入公安系统，那么执法和恢复正义的成本将会过高。"枫桥经验"重视发挥刑事和解的作用，并没有一味强调重判，但社会治安状况依然良好。刑法的功能一方面是惩治犯罪，另一方面是恢复被破坏的社会关系。促进受害人和双方和解，既可以减少关押的负面效应，也有利于社会的和谐。

上述案例所体现的刑事和解只是民间社会在刑事政策体系中扮演主动角色的一个方面。众所周知，在改革开放后的一段时间里，民间社会在刑事政策体系中的角色相对沉寂，并一度逐渐疏离于打击刑事犯罪的进程之外。当时国家的重点也在于不断加强打击刑事犯罪的专业力量建设，同时不断倾国家之力掀起打击犯罪的一轮轮高潮和开展各项专项行动。也就是在这一时期里，公安系统等专业职能机构意识到了单纯依靠自己的力量来打击、防范犯罪时的力不从心、捉襟见肘。"枫桥经验"也正是在此时又被重视，不仅民间社会自发组织起防盗队、防护队等大量群众性治安保卫组织的经验被肯定，枫桥的民间社会力量又广泛参与到了对特定犯罪人的社区矫正这一试点之中。

通过这样一个案例，我们看到"枫桥经验"与法治关系的第一个侧面已经面目清晰。显然，在贯彻法律方面，如果出现了客观上伤害社区社会关系，而事后又难以进行修补的情况（如果按照最初的态势发展，在那个打人的村民被追究刑事责任后，我们无法要求派出所还要承担修补村民和村支书人际关系的任务），那么法律的边界就露出了自己的一角。

寻找边界，也就是让不同的解决纠纷的方式获得同等的价值。①

（二）减少对国家司法资源的浪费

曾任全国人大常委会法制工作委员会副主任信春鹰曾表达了对过分强调正式的争端处理机制的忧虑："'和谐'是中华文化的核心价值，体现在处理社会矛盾方面突出表现为'无讼''少讼'的价值观，善于用非诉讼手段解决矛盾和纠纷。但是，我们曾经有一段时间过分强调正式的争端处理机制，忽略了调解等其他非正式解决方式的作用，这是我们法治建设中的一个教训。现在贫富差距、城乡差距、分配不公、社会保障、劳动就业问题引发的社会矛盾增多，我们的法律制度设计不能片面强调'权利文化'，鼓励当事人为区区小事就诉诸法庭，浪费国家司法资源，而且伤害互相间的感情。"②

过分强调正式的争端处理机制，也在客观上使得现在社会公众恢复正义之路似乎越来越难以承受成本的高涨。以一段时间内引起温家宝总理关注、全国动员来解决的拖欠农民工工资为例。北京青少年法律援助与研究中心曾经做过一项调查，他们计算出农民平均讨薪的综合成本为 3420 元至 5720 元，如果提供法律援助，则成本最少需要 5000 元，最高将超过 9000 元；由此，该调查得出一个惊人结论：以到 2004 年 11 月中旬时全国农民工被拖欠工资 1000 亿元计算，要讨回它们，整个社会需付出至少 3000 亿元成本。农民工维权的成本包括经济成本、时间成本、政府成本和法律援助成本。为了索要不足 1000 元的工资，完成所有程序，农民工维权

---

① 赵义：《枫桥经验：中国农村治理样板》，浙江人民出版社 2008 年版，第 163—166 页。

② 赵义：《枫桥经验：中国农村治理样板》，浙江人民出版社 2008 年版，第 168 页。

需要直接支付至少 920 元的各种花费；花费时间至少 11—21 天，折合误工损失 550—1050 元；国家支付政府工作人员、法官、书记员等人员工资至少是 1950—3750 元。综合成本在 3420—5720 元之间。虽然不是每个案件都要走完全部程序，但这只是最保守的计算，还没有计算农民工不得不多次往返家乡和打工城市之间的住宿、吃饭、交通等费用。而根据对 17 个案件调查情况来看，每个案件综合成本超过 10000 元。

因此，正式争端解决机制的成本是非常之高。为了解决打官司的问题，国家曾经在降低诉讼费等方面想了很多办法。2005 年 4 月 1 日，国务院颁布并实施了《人民法院诉讼费用缴纳办法》的规定，当事人向人民法院提起诉讼的预交费用大幅度降低，新《办法》将财产案件收费比例由原来的 4%，下调到 2.5%；取消其他诉讼费和执行实际支出费用，实行先执行，后收费；将离婚案件涉及财产分割不另行收费的最高限额由财产总额不超过 1 万元调整为不超过 20 万元；行政案件不论是否涉及财产，一律按件收取案件受理费；对财产案件提起上诉的，按照不服一审判决部分的上诉请求数额缴纳案件受理费。关于财产案件的规定，超过 1 万元至 10 万元的部分，按 2.5%缴纳，同原来的 4%相比，有了大幅度下降。而这一区间，恰恰是老百姓涉及面最广的。此外，劳动争议案件每件收 10 元，追索赡养费可免交诉讼费等规定，也为老百姓走进法院打开了方便之门。

2006 年 2 月 1 日，最高人民法院对一审民商事管辖案件的标准也进行了大幅度的调整，像枫桥人民法庭这样的基层法院可以受理标的在 1000 万元以下的案件。根据枫桥人民法庭的估计，仅诉讼费和管辖标准两项调整，法庭的受理案件数至少上升了 20%，而工作人员并没有增加，仍然是 7 人。法庭案多人少的矛盾再次凸显出来。借助“枫桥经验”的优势，枫桥人民法庭在原有的“三前调解法”（把纠纷调解在成讼前，把纠纷调解在开庭前，把纠纷调解在宣判前）基础上，推行“双行调解制”即径行开庭调解和先行开庭调解，合力将这个法庭的调撤率一直保持在 75%以上的水平。

司法是维护社会公平正义的最后一道屏障，是解决纠纷、化解社会矛盾的各种程序里的最后一个救济途径，国家的司法资源将变得特别稀缺，这无疑也是法治的失败。因此，“枫桥经验”对于国家司法资源的有效利用意义重大。①

（三）内生性赋予了“枫桥经验”以强大的生命力

曾经有一种对“枫桥经验”的误解，认为它是计划经济时代的产物，不适合市场经济时代。其实，在“枫桥经验”发展的历史里，它对于非正式争端解决机制的重视和完善，并非出于维护一种落后经济体制的目的。恰恰相反，它正是在一个乡土社会向工业化和市场化迈进的过程中，面对各个历史时期和社会矛盾的不同特点而逐渐走到今天的。“枫桥经验”形成今天这样的争端解决机制，是在一个不断开放和流动的过程中实现的，它具有内生性。回顾“枫桥经验”的形成历史，在20世纪80年代到90年代初，随着农村经济体制改革的深入，人们的思维方式、生活方式和收益分配等都发生了深刻的变化。影响农村社会治安的主要因素由过去的专政对象转变为大量的人民内部矛盾。生产上争水、争场、争农机具的“三争”纠纷和生活中赡养、抚养、扶养的“三养”纠纷，呈增多之势。1982年到1985年，枫桥镇共发生这样的纠纷184起，占民间纠纷四年平均发生总数的37.6%，这种情况在当时中国广大的农村普遍存在。这是由当时农村经济体制的转变决定的。大量涌现的民间纠纷往往一触即发，往往发生群殴互斗甚至互相残杀，成为影响社会治安的主要因素。

在这个时间段里，中国整体的法治建设刚刚起步。如此多的纠纷如果全部涌入恢复时期的政法系统，将是一个难以承受的负担。并且，这些纠纷争执的内容大都是民事权益上的平衡和冲突。一旦无法有效化解，那么枫桥社会结构和社会关系将受到重大伤

---

① 赵义：《枫桥经验：中国农村治理样板》，浙江人民出版社2008年版，第168—169页。

害。在这个形势下，当时的枫桥镇党委、政府再次拿出“枫桥经验”这个法宝，根据经济基础的变化形势提出了三个转变：一是在工作重点上，把主要精力从抓敌我矛盾的处理转移到集中精力抓民间纠纷的处理上；二是在工作方法上，从过去偏重抓刑事犯罪活动的打击转变为打防并举，重在预防上；三是在工作力量上，从过去重治轻调转变为治调并重，引导群众建立自我约束、自我调节、自我教育的人民调解机制。1980 年，枫桥恢复了人民调解委员会。1985 年 7 月专门成立了镇司法办公室，配备了专职司法助理员。从此，枫桥每年都将整顿调解组织作为一项重要工作来抓。1983 年全国范围内政社分离，人员变动大，很多地方的人民调解工作人员都受到了影响，但枫桥却坚持了下来，对调解组织的学习和培训的经费予以妥善解决，对调解人员的报酬落实和兑现也提供了保证。即使在当时枫桥镇财政比较紧张的情况下，还是拨专款作为调解干部的奖励经费，这是难能可贵的。

针对以前民间纠纷往往预防得少、调处得多的情况，枫桥镇当时还力图探索出一套预防措施，1988 年 3 月开展了以防民间纠纷发生、防民间纠纷引起非正常死亡、防民间纠纷激化为刑事案件为内容的竞赛活动。当时全镇 11 个行政村中有 4 个村连续三年没有一起纠纷上交到镇。当然，预防民间纠纷发生是不科学的，事实证明也是不可能的，因为社会是一个游戏规则和社会关系不断变动的社会，民间发生纠纷本来就是正常的现象。但是防民间纠纷引起非正常死亡，防民间纠纷激化为刑事案件，的确代表了乡土农业社会向工业化和市场化转变过程中人们的一种非常美好的价值追求。现在已经无法计算清楚，而事实上这种预防措施也避免了很多家庭和邻里悲剧的发生。在农村个体经营主体地位重新确立之后，这种机制还保证了此后农村经济秩序。“枫桥经验”在纠纷解决上的强大生命力植根于其内生性，这种内生性也必然使之包含了中国特色社会主义法治道路的某些要素。

从这些历史可以看出，我们要建设的社会主义法治不是像西方国家那样与工业化、城市化同步的法治，而是从农业社会到工业社会的法治；不是像西方国家那样在城乡同质化条件下的法治，而是在城乡二元经济没有根本改变，城乡之间、区域之间发展很不平衡而且还面临着差距加大条件下的法治。如今枫桥在经济形态上表现为以纺织服装大型骨干企业为龙头，以合同和诚信为纽带方式，以千家万户家庭作坊为加工点的专业产业群。作为在这样一种经济形态形成过程中孕育出的社会治理方式，“枫桥经验”一定孕育了中国式法治道路的某些要素。[①]

五、专家评说“枫桥经验”

对于“枫桥经验”，来自各种行业和具有各种身份的领导、学者也有着自己的解读和看法，这有助于对这一经验的多角度了解。

熊选国（时任最高人民法院副院长）：“枫桥经验”之所以是一面旗帜，原因就在于它能够与时俱进。“枫桥经验”在社会治安，在更大范围进行平安建设，在更大的范围保一方和谐。它长期保持先进性，源于治安，超于治安。新时期的“枫桥经验”已经从犯罪预防扩大到各方面，凡是需要稳定发展的地方就有“枫桥经验”的创新运用。这就是其生命力之所在。

王公义（时任司法部研究室主任）：从国内的司法实践看，“枫桥经验”提出了调解是解决社会纠纷的主导方式，而司法是解决社会纠纷的最终路径，对于社会纠纷倡导实现预防而非事后惩戒，其多元化解决纠纷、自我化解地方和区域矛盾的经验对我们民主法治、和谐社会建设的作用是非常巨大的。

贾宇（西北政法大学校长）：中国有自己的文化，其法制也有自己的特色，当西北政法大学在学习中注意到“枫桥经验”这个典型后，发现它是中国基层法治的经验，是中国本土的经验，与外来的有很大的区别，对于发展、健全中国法治具有重要意义。

诸勇（时任中国政法大学副校长）：“枫桥经验”涉及一个司法

① 赵义：《枫桥经验：中国农村治理样板》，浙江人民出版社 2008 年版，第 170—177 页。

解决和民间调解的关系问题，涉及国家基本方略问题。法律有时会伤害人际关系和民风。而“枫桥经验”正提倡了淡化矛盾冲突，维护人际关系，弘扬和谐民风。这样一个机制，它的解决目的不完全在于争端本身，而是在于人际关系的重构。对于基层社会的稳定和治理是有积极意义的。

卢建平(北京师范大学教授)：“枫桥经验”不仅仅是诸暨的经验，它在中国有代表性。小城镇大道理。它的普适性表现在，法网再严苛的国家，也不可能把社会的所有问题，矛盾纠纷犯罪，统统包揽无余。在处理不同问题的时候，不同主体具有不同的资源和优势。“枫桥经验”能够既适应社会发展的一般规律，又有地方特色，从单个创新到全国的创新，“枫桥经验”的价值就充分显现出来了。

贺卫方(北京大学教授)：“枫桥经验”显示了枫桥人民追求少捕、就地解决纠纷、矛盾不上交，这是“枫桥经验”里面要挖掘的东西。它启示我们，如何根据本地的乡情民情去治理地方。这既代表了一种自治的精神，也是本地的经验与法治的结合。而如何在这种乡村治理的观念与法治间追求某种统一正是值得我们思考的模式。①

第二节　聘用外籍调解员以人民调解方式解决涉外纠纷的实践：以义乌市涉外纠纷人民调解机制为例

浙江省金华市所辖的义乌市以其对外贸易闻名国内外，在中外客商云集的义乌国际商贸城中，一个名为“涉外经济纠纷人民调解委员会”的纠纷解决机构，因其聘用外籍调解员参与调解解决涉外

① 引自枫桥调研资料：《枫桥经验》，2014年3月，第33页。

纠纷的创新实践和良好的社会效应而引起了中外媒体的广泛关注。①

一、义乌市涉外纠纷人民调解委员会成立的背景

近年来，义乌国际商贸城的市场外贸交易逐年增多，额度连年扩大，人员流动也日益频繁，每年出入境的外商有将近50万人次。2014年义乌小商品实现进出口总额241.9亿美元，其中出口237.1亿美元，分别增长30%和30.2%。随着跨境贸易量的增长，商品买卖中合同订立、语言沟通、产品质量等问题产生的涉外纠纷大量涌现出来，类型也日益复杂。如何将人民调解引入涉外纠纷的解决，让外籍客商了解、接受并认可具有东方特色的人民调解，敢为人先的义乌人已经开始了全新的探索。全国调解能手、浙江省司法行政十大影响力人物、义乌市司法局国际商贸城司法所所长陈津颜开始思考建立一种长效机制，更好地应对这个具有鲜明义乌特色的难题。

2012年7月，义乌市司法局国际商贸城司法所启动涉外纠纷调解机制。当时的工作主体就是司法所的工作人员。他们建立了一些基础的工作流程，又通过诸如给市场商户做法制讲座等各种机会，宣传推介涉外纷纷调解机制。遇到特殊情况，比如客商是小语种国家的，完全不懂中文，司法所就临时找个翻译做“外援”。虽说是摸着石头过河的“初级版本”，但涉外纠纷调解机制在运行之初就收获了不俗的成绩。2012年7月到2013年3月间，调解涉外案件86件次，涉案总金额480万元，成功达成协议的金额为110万元，接受咨询多达上千件。不到一年时间的试水，让义乌司法行政

① 2015年2月3日晚，中央电视台新闻联播的《行进中国·精彩故事》栏目以“义乌的老外调解员”为题，用4分39秒的篇幅报道了义乌市涉外纠纷人民调解委员会老外调解员苏拉的精彩故事，并在中央电视台2月4日和5日的《朝闻天下》中继续进行了深入报道，拉开了中外媒体竞相关注义乌市涉外纠纷人民调解委员会的帷幕。

部门觉得,这是一项大有可为的工作。

2013年4月,义乌市涉外纠纷人民调解委员会(以下简称外调委)正式成立,它是由义乌市社会矛盾纠纷调解工作领导小组办公室批复成立的一个专业性较强的人民调解组织。外调委在市委、市政府的领导下,在市司法局指导管理下开展各类涉外矛盾纠纷的调处工作,办公地点设在市司法局国际商贸城司法所。义乌市涉外纠纷人民调解委员会是全国首家县级涉外纠纷人民调解委员会,它主要调解涉及外国商人之间、外国商人与中国商人之间以及中国商人之间的经济纠纷、劳动纠纷、物业纠纷等各种纠纷。

自2013年义乌市外调委成立至2014年底,共受理纠纷126起,成功调处123起,涉案金额1337.91万元,履行协议金额533.44万元,成功率达97.6%。案件当事人涉及法国、埃及、也门、肯尼亚、韩国、加拿大、巴基斯坦、突尼斯、孟加拉、伊拉克、乌干达、以色列、印度、格鲁吉亚、黎巴嫩、尼日利亚、阿尔及利亚、阿富汗、哥伦比亚、约旦等国家。现场咨询815人次,其中外籍客商389人次。网络咨询、接待市场经营户及客商1372人次。

义乌市外调委处理的涉外纠纷量大面广的特点,表现在两个层面:一是涉及国家众多,以非洲、中东、东欧和南美洲为主,包括尼日尔、尼日利亚、埃及、哥斯达黎加、加纳、利比亚、苏丹、摩洛哥、巴基斯坦、伊朗、伊拉克、阿富汗、以色列、阿联酋、印度、缅甸、泰国、乌克兰、俄罗斯、阿尔巴尼亚、阿根廷、智利、澳大利亚、意大利、韩国、美国等26个国家。二是调解诉求多样,除了传统的货款纠纷,质量纠纷、商标、专利等知识产权纠纷、代工讨薪纠纷,由翻译环节的误解、运输环节的风险承担以及清关、抽检、退货运输费等所引起的纠纷都不断地进入调解范畴。此外,涉外纠纷法律关系复杂、甄别难度大也是其显著特点。由于外贸关系涉及产品加工、询价买卖、物流仓储、货代运输等多个环节,许多案件具有民事和刑事责任混合,违约和诈骗行为并存等特征。[1]

二、义乌市涉外纠纷人民调解机制解读

义乌市涉外纠纷人民调解机制可以从多方面进行解读。

(一)外籍调解员的聘任

由于涉外纠纷涉及国家众多,涉及的纠纷类型复杂,涵盖对外贸易的各个环节和相关问题,为了让涉外纠纷调解更加顺畅有效地进行,外调委秉持"老外帮老外,老外不见外"的调解理念,以及克服以往调解中语言的障碍不得不借助翻译进行调解带来的种种不便,创造性地吸纳了外籍调解员加入其中,目标是打造一支适应性好、专业度高、调解力强的调解队伍。如今,如果你在义乌市看到一群黑皮肤、黄皮肤、白皮肤等各种肤色的外国人操着清一色的标准普通话在调解涉外纠纷,不用惊讶,也不用一头雾水,他们正是义乌市近年诞生的老外人民调解员。这些外籍调解员精通英语、法语、阿拉伯语、波斯语、非洲土语、韩语、普通话、粤语等语言,了解外贸流程,综合知识丰富,善于与外商交流,这使得他们能够准确分析和判断涉外纠纷中的争议焦点,为调解解决纠纷创造良好的条件,纠纷调解往往事半功倍,调解成功率与效率都取得极大提升。调解协议督促履行小组也充分发挥其职能,保证了协议的履行率。

在外籍调解员的聘任上,外调委有一套严格的标准和程序。因此,涌现了以塞内加尔商人苏拉等为代表的一批优秀外籍人民调解员。

1. 外籍调解员的聘任条件

能够入选外调委的外籍人民调解员,必须懂三种外语且熟练讲普通话,并需符合诚信经营、助人为乐等选聘条件。程序上必须

---

① 引自《义乌市涉外纠纷人民调解委员会资料汇编》,2013 年 5 月,第 21—32 页。

经过民主推荐、综合测试等步骤的严格筛选。物色外籍调解员的过程并不容易，外调委主任陈津颜通过有关单位、商会、商户广泛征集人选，对推荐过来的人选有自己的一套考量标准，尤其注重他们的诚信度，即要求他们在义乌市场一直诚信经营，且生意做得不错，在各方面都是比较优秀的经营人才。曾经有一个会日韩两国语言的人选，因为有交通肇事逃逸的记录，最后就没有被纳入外调委的选拔范畴。成立之初，有三位外籍调解员欣然受邀加入到了这个“升级版”的团队当中。来自塞内加尔的贸易公司董事长苏拉，是义乌市人大列席代表，精通三国语言；来自新加坡的进出口公司总经理潘树法拥有博士学历；来自苏丹的欧麦，也是一家贸易公司的总经理，在义乌做生意多年，口碑很不错。

随着外籍调解员的不断加入，到2013年底，义乌市涉外纠纷人民调解委员会的成员达到19人。2014年3月，外调委着手进行2014届调解委员改选改聘工作，经过民主推荐、综合测评、专业测试、领导审批四个步骤，调解队伍从2013届的19人扩充至2014届的36人，其中有11名外籍成员。① 这一支队伍涵盖面广，来源广泛，包括机关干部、国企中层、外贸公司经理、行业带头人、商会负责人、诚信经营户和采购商；从专业构成看包括法律、管理学、经济学、物流等专业人才；从国籍看包括塞内加尔、新加坡、马里、马来西亚、埃塞俄比亚、乍得、几内亚、韩国、菲律宾、约旦、伊朗等11个国家。由于涉外纠纷涉及复杂的法律问题，在这个团队当中，还配备了熟悉涉外法律事务的律师事务所主任、精通国际物流的行业协会副会长以及热心的商贸城经营户代表等，这使得外调委可谓人才济济、卧虎藏龙。

2. 外籍调解员的调解实践

---

① 数据来源于2015年4月的调研资料，其后外籍调解员的数量和构成情况可能会有一些变化，但是该创新性的实践依然保持了其连贯性并在外籍调解员的选任上处于不断完善的过程之中，因此前述变化对于书中所述之涉外纠纷的调解机制并无实质性影响。

义乌涉外经济纠纷调委会聘请的调解员中，以下三位特别具有代表性，他们最早加入外调委的调解员团队，自己就是从事对外贸易的客商，对担任调解员也充满热情，在调解工作中取得了非常骄人的成绩。

塞内加尔人苏拉在义乌做生意已经8年，苏拉算得上是“老义乌”，他是涉外纠纷调解委员会最早加入的三名外国调解员之一，熟悉法语、英语、阿拉伯语和汉语，是个热心肠。苏拉曾经说过：“义乌是世界小商品之都，市场上的商品‘只怕想不到，不怕买不到’。有这么好的市场，可不能因为产生纠纷而砸了义乌市场的名声。市场上的经营户与客商之间有了纠纷，我们很愿意参与调解，为大家出一点力。”①在义乌市外调委，像苏拉这样的外国“老娘舅”虽没有一分工资和福利，但他们总能以情动人、以理服人。苏拉一心当好“传话筒”的角色，在遇到涉外纠纷时，他及时介入，用心架起中外客商之间的“沟通之桥”。调解本就是在相对友好的氛围下进行的，成本很低，调解过程中可以用幽默的语言等方式缓和双方的对立情绪，这使得调解的成功率非常高，很多纠纷双方经过调解后依然保持着友好合作关系。老外参与调解提高了涉外纠纷当事人对调解的信任度，涉外纠纷中的外商非常信任外籍调解员。

另一位涉外纠纷调解委委员欧麦是来自苏丹的客商，他在义乌经营着一家文具贸易公司，曾在英国留学，是苏丹大学经济管理学博士，精通英语、汉语和阿拉伯语。2013年12月20日，伊朗客商所罗门与义乌市场经营户冯某的纠纷即是由欧麦调解成功的。所罗门于2012年5月向冯某订了货款为172500元的童装棉衣，结果在汇款时多汇了30900元。所罗门直到当年11月份才发现这个事，于是就跟冯某联系，表示要查账，但冯某不承认有这回事，市场管理方及派出所也为此调解了三次。在后来的调解中，欧麦经过细致的情况了解后，对此纠纷双方进行了耐心的劝解，最后双方达

① 龚献明：《义乌市场的外籍调解员》，http://www.yw.gov.cn/smyg/sc/syzx/sczx/201401/t20140120_497712.shtml.(2015/10/31)

成协议,由冯某再发给伊朗客商30900元的同类童装产品。

还有一位外籍调解员是2000年初来义乌做生意的新加坡人潘树法,现在一年大概有100个货柜的小商品经他之手从义乌发往新加坡。他说义乌成立涉外纠纷调解机构走在了新加坡的前面。对于担任调解员,潘树法的体会是:“虽然参加涉外纠纷调解会浪费自己的一些时间,但聘请我们当调解员是一种荣幸和尊重。这可不是随便什么人都可以担任的。”对于外籍调解员参与调解的好处,潘树法也给出了非常好的答案,即“如今义乌小商品质量好,价格透明度也很高,但因为习惯、语言等问题,买卖双方引起纠纷还是免不了。这时候,懂对方文化又通对方语言的外籍调解员,就非常有助于纠纷的解决”。他曾成功调解过一个市场经营户与非洲客商因鞋子脱胶问题产生的纠纷,即非洲客商以鞋子质量问题为由要求索赔34万元,这是总共68万元货款的一半了;而客商只肯弥补5万元,表示鞋子没有严重的质量问题,只需用胶水再粘回即可,甚至可以派工人到非洲去操作。一开始双方的态度都很坚决,互不退让。调解从上午9点开始直到中午12时才达成让双方较为满意的结果。①

(二)坚持“三个必须”原则

针对涉外纠纷中双方在事实要点的说明和结论的认知方面存在沟通障碍等问题,义乌外调委坚持“三个必须”原则,保证调解信息的完整性和准确性。该三个原则即每个流程必须有中文翻译在场,即时进行信息传递;每一次阶段性的共识和最终协议的达成都要求外商明示确认;每个协议必须跟踪回访,涉外纠纷的影响力比普通案件更大,结案后的执行情况是反应调解质量的重要指标,通过回访进一步加强了与外商的沟通,建立了彼此的信任。

---

① 龚献明:《义乌市场的外籍调解员》,http://www.yw.gov.cn/smyg/sc/syzx/sczx/201401/t20140120_497712.shtml.(2015/10/31)

(三)完善的工作流程

外调委有一套较为完善的工作流程,包括申请受理、调查笔录、征询意见、委托代理、现场调解、合议评审、协议签订、司法确认等,规范化的工作机制从程序上切实保障了双方当事人的合法权益。

(四)创设了涉外纠纷调解的普通程序和简易程序

在遵循公平公正的基础上,为兼顾各方当事人的合法权益,义乌外调委创设了涉外纠纷调解的普通程序和简易程序。普通程序的期限为一个月,简易程序是实践中外商因航班、签证、清关、汇率等诸多原因无法长时等待的情况下启动的一种特殊程序,即只要外商提供回国机票日期、签证到期日、汇率变动预期损失等证据证明需要立即调解的,就可以启动简易程序在3—5个工作日内组织调解。两套程序互为补充、以人为本,兼顾了调解工作的严肃性和灵活性,实现了“定纷止争、案结事了”的社会效果和法律价值。

(五)完善的工作制度

义乌市涉外经济纠纷调解机制的高效运转还得益于一整套完善的制度。

第一,值班制度。调委会建立了专门的值班制度,包括外籍调解员在内的每个成员,每个月至少有两天时间值班。来自五湖四海的老外“娘舅”值班时都是统一着装:蓝色衬衣、红领带、藏青色西服,胸前佩戴人民调解员的徽章。外籍调解员大多是公司老总、工厂厂长、连锁商铺的老板,虽然是义务担任调解员,但是不管工作多忙他们都严格遵守外调委的值班制度,并且能够出色地完成分配的工作任务。在调解过程中,这些外籍调解员都有自己的一套方法,不但能很快取得当事人的信任,而且通常能圆满地解决纠纷,获得双方当事人的一致好评。

第二,例会制度。外调委定期举行例会,例会纪律要求严格,每个调解员都必须准时参加,迟到的自动上交“罚款”作为外调委的调解员们联谊的活动经费。这一方面规范了例会纪律,另一方面也能更好地增进了调解员之间的感情。在每次例会上，每名外籍调解员都要发言，用汉语总结近期参与调解的案件，交流心得体会。这些来自五湖四海不同肤色的老外“娘舅”都用流利的汉语交流，这也是他们成为调解员必备的基本功。老外“娘舅”们在涉外纠纷调解中扮演着重要角色，他们在涉外纠纷中用学来的“中国式调解”，耐心地劝解各方当事人平息怨气，努力化解矛盾。

第三，对涉调商户建立“诚信档案”制度。在涉外纠纷中，有很大一部分是因为诚信问题引起的。外调委挑出了因一方诚信问题而导致纠纷产生的案件，建立了“诚信档案”。“诚信档案”包含当事人的姓名、年龄、国籍、联系电话、公司地址、摊位信息等基本信息，还包括因何问题触犯了诚信的道德界限。如某商户利用包装难拆封，外商不易验货的方式以次充好；外商支付部分定金，等商户发货后消失或者拒付等诚信问题，并根据引发纠纷的次数、金额等分类归档。对情节恶劣、屡遭反映的商户，归为“诚信档案”危险级别。诚信档案的建立，在中外商中引起了强烈反响与共鸣，刮起了一股重树市场诚信交易的良好之风。

第四，人民调解联席会议制度。为完善涉外纠纷动态分析研判机制，加强对涉外矛盾纠纷发生、发展以及变化规律的研究和分析，增强涉外矛盾纠纷排查化解的针对性和有效性，义乌外调委积极探索建立了涉外纠纷人民调解联席会议制度，成员单位包括义乌商城集团、公安局、检察院、法院、司法局、海关、检验检疫局、外侨办、商务局、市场监管局、工商联等部门。成员单位每半年召开一次工作例会，遇到阶段性重大疑难纠纷随时召开会议，分析涉外纠纷人民调解工作实时动态，帮助解决有关问题，加强涉外纠纷调解案件的结果运用。

（六）创立“调解合议机制”

受国际经济下行趋势影响，外贸产品的终端消费者对货物的质量要求越发严苛，国外消费实力的下降导致对残次品的容忍度随之降低，这种消费导向直接传递到各国进口批发商，最终造成进口商对从义乌市场进口的商品检验标准更加严格，有的甚至不惜以违约取消收货或拒付货款等方式降低损失。这使得涉外纠纷的利益敏感度提高了，相应地增加了调解的难度。夸大损失、漏报证据、互不相让、拒绝表态都是让调解员最头痛的事情；同时各国的法律规范、贸易规则和商业惯例都存在差异，使得涉外纠纷调解不能使用固定尺度僵化谈判、呆板调解；另外，出于谈判策略或者"面子"的考虑，双方往往都不愿意首先表态或者提出让步，这就容易造成调解僵局，如果没有新的机制破除这种局面，将大大降低调解成功率，前期的所有工作就付诸东流，既浪费了资源又失去了效率。为此，外调委不断探索积极创新，提出"调解合议机制"以全力破解涉外纠纷调解的僵局。

"调解合议机制"就是由三名以上调解员（其中有一名为外籍调解员）在休庭后合议，根据调解记录、局势发展和已掌握的证据来研判双方责任和义务，综合分析情理法，集体讨论得出一个"建议方案"，然后继续调解程序而由主持人将该方案公布，并分别征求双方当事人的意见，如果认可即达成协议，由外调委制作协议书并监督执行，否则就终止调解，建议当事人走诉讼程序。外籍调解员加入合议，往往能够更好地换位思考，从人性、法律、情理等方面提供调解建议，制订合议方案。

特别值得一提的是，合议过程中的"建议方案"是这个机制的灵魂，直接关系到调解是否成功。外调委立足"法理有别，情理相通"的原则，虽然外方来自世界各地，其本国规则也存有差异，但是讲情理、讲良心、讲诚信的经商品格是相通的。在制订合议方案时除了看证据做实事判断外，更多地应考虑情理之下的价值判断，例如将方案利益较多地倾斜给弱势方、让方案较大地发挥边际效果、使双方获得更长期的合作机会等。在一起涉外纠纷的调解过程中，中方当事人身怀六甲，由于缺乏证据一直处于劣势，眼看数万元加工费将无法收回，休庭合议时调解员认定虽然没有直接证据证明中方厂家的诉求，但是从情理角度和保护弱者原则出发可以为其争取一部分利益，随后合议庭做出让外贸方支付中方厂家 7

万元加工费的建议，并最终促成双方达成协议。整个调解过程充满了人情味，既没有触及外贸方的根本利益，也保护了弱势方的权益。

“调解合议机制”的运行的核心是通过外调委形成一套有情有理、公平公正的参考方案并与调解程序的顺利衔接，如此，较好地打破了僵持局面，最终使许多看似无路可走的案件迎刃而解，提高了调解的成功率。“调解合议机制”实施以来，已经成功化解包括阿根廷、智利、乌克兰、俄罗斯、尼日尔、尼日利亚、泰国、伊朗、澳大利亚、迪拜等10多个国家和地区的各类涉外纠纷26件次，挽回商户经济损失数十万元。[①]

（七）调解员的培训工作常态化

外调委非常重视对外籍调解员的培训。参加调解工作后，调解机构首先对他们进行培训，给他们讲解有关法律知识和调解技巧，有了一定的调解能力后才让他们参与工作。外调委对调解员的培训工作具体通过“三个课堂”来完成：

第一，理论学习课堂。通过开展专题培训，组织调解员学习法律知识，提高调解人员的理论水平，使他们能够真正依法、公正地做好民间纠纷调解工作；同时着重进行调解技能培训，帮助调解员不断提高调解的方法和技巧，增强调解员对常见纠纷的调解能力。

第二，交流体验课堂。通过亲身体验观摩会，组织人民调解员开展座谈，发表自己的感受和意见，交流在人民调解工作中总结出的好经验和遇到的疑难问题，等等，这样共同探讨如何做好人民调解工作，促进了调解员之间的业务交流，提高了人民调解员队伍的整体素质和调解技巧。

第三，调解实践课堂。召开调解观摩会，以调解典型纠纷的形式，将调解原则、调解程序、调解协议书等内容生动形象地表现出

① 引自《义乌市涉外纠纷人民调解委员会资料汇编》，2013年5月，第29—30页。

来，调解员通过这样的直观学习，增强对人民调解工作的责任感和使命感。

（八）建立“一对一”结对法律服务机制

涉外案件因其法律关系的特殊性，在调解的过程中往往会碰到法律难题需要专业的指导。为此，义乌外调委与义乌市律师协会建立了合作协议，由律师协会选派有一定外语水平、从业经验丰富的律师坐班外调委，随时解答调解过程中遇到的法律问题。同时，对于外籍调解员，建立“一对一”结对法律服务机制，确定由一名律师联系一名外籍调解员，随时提供法律问题的咨询和帮助。

（九）建立纠纷风险防范机制

外调委在总结以往经验的基础上，进一步创新思维，针对市场贸易纠纷和涉外纠纷的特点和形式，重视涉外纠纷的预防工作，建立了一系列纠纷风险防范机制：一是制作写有“提倡现金交易，适用规范合同，构建诚信贸易”的宣传车贴，粘贴在人民调解员、市场经营户、外贸公司员工的汽车上，让汽车成为流动义务宣传站；二是将外调委的工作职能做成卡片在市场内宣传，告知当事人有选择调解员的权利，同时，设立外调委督促履行办公室，强化纠纷调解后续执行，监督督促协议履行；三是在当事人愿意公开的前提下让市场内的调解员和经营户旁听调解过程；四是对外商发现问题较迟、申请调解时间较紧的纠纷案件，调委会则采用简易程序调解进行调解。①

三、典型案例

案例一

【简要案情】在国际商贸城经营手套生意的王某于2013年9月

---

① 《义乌市涉外纠纷人民调解委员会》，载金华市综治办、金华市司法局编：《金华市矛盾纠纷化解优秀调解案例和优秀调解组织汇编》，第158页。

与土耳其外商签下了18万元的生意。验货当天，因有几款手套达不到要求，外商即扣了2万多元的货款，王某当时也表示同意；余下应付货款为158680元，外商答应次日再付。但在次日结账时，外商却只付了58680元，余下的货款在后来的3个月中断断续续给付，还欠3万元。其间，外商再次向王某订购了10050元的手套，连同前一次的余款共欠王某4万多元。12月17日，外商来到王某商位说只能给35000元，并委托他的助手作为代理人处理。

【调解经过及结果】2013年12月18日，王某与土耳其客商的手套纠纷案在国际商贸城涉外调解委开调。调解这起纠纷的涉外调解员是来自塞内加尔的苏拉，他在义乌经商已有7年多时间，精通英语、汉语、法语和阿拉伯语。

调解过程中，苏拉在详细审阅了双方的账单后，向经营户王某确认了"在外商发现手套质量有瑕疵后同意扣除2万多元货款"的事实后，心中就有了底。"这在账上有记录。虽然这货有瑕疵，但货已经便宜卖给你了，钱已经扣过了，不能重复再扣，因此余款必须按合同付清。"苏拉对外商的助手说。对此，这名土耳其外商的助手也承认事先他不知道这个事实。

经过双方的协商，土耳其客商当场支付了余下的所有货款。至此，因纠纷而吵得不可开交的双方当事人在调解成功后握手言欢，并表示以后还要继续合作。①

案例二

【简要案情】2012年11月份，哥斯达黎加客商约翰（化名）在义乌国际商贸城程某摊位订购了212299.2元的鞋子。外商支付了4万元左右的订金，后来发现鞋子质量不符合自己的要求拒绝接收货物并要求对方退还订金，程某拒绝外商要求声称质量没问题，不予退还订金且要求外商收下全部货物并付清货款，双方无法自己

① 龚献明：《义乌市场的外籍调解员》，http://www.yw.gov.cn/smyg/sc/syzx/sczx/201401/t20140120_497712.shtml.（2015/10/31）

协商解决纠纷，于是一致同意申请调解。

【调解经过及结果】调委会经过调查研究后，对双方进行了笔录问询、证据考查等工作，组织双方到庭调解。最后达成了初步协议意向：2013 年 2 月 3 日 16 点前，外商一次性支付供货方 15000 元履约保证金。外商愿意随机抽取供货方货物中任意一双鞋（由供货方鞋底签名认可），由外商指定翻译鲍某按照正常方式连续试穿 1 个月，至 2013 年 3 月 1 日，凭试穿样品鞋呈现的结果执行以下约定：

第一，如果试验样鞋基本完好，脚后跟鞋底处不脱落，其他部位无明显破损：外商须一次性提走全部货物，支付供货方剩余全部货款 176299.2 元，减去外商所支付的履约保证金 15000 元折抵总货款。如果此时外商拒绝履行付款义务，需要支付供货方违约金 50000 元整，履约保证金 15000 由供货方予以没收。外商已经支付的订金 36000 元供货方不予退还。另外由外商支付供货方一个月的仓储费，具体费用按市场行情实报实销。

第二，如果试验样鞋脚后跟鞋底脱落、破损，或有其他部位不合理破损：外商有权终止合同，由供货方自行承担所有损失，供货方已经收取的订金 36000 元应退还外商。

2013 年 4 月中旬，外商如约再次来到中国，经翻译鲍某试穿后证实鞋子质量过关，双方最终顺利完成了交易，所有在调委会达成的协议全部依约执行完毕。①

案例三

【简要案情】2011 年 7 月 6 日，宁波客商卢某向义乌国际商贸城市场某店面何某订购了一批女鞋和一批男鞋，总货值 414240 元。女鞋在 8 月 16 日凌晨交货，男鞋在 8 月 25 日下午交货。货发往捷克后，收货方发现鞋子有表面破损、发霉、鞋底变形、颜色混

---

①　摘自《义乌市涉外纠纷人民调解委员会资料汇编》，2013 年 5 月，第 33-34 页。

装、左右脚尺码不一等各种问题，总计损失超过30万元。事后，宁波客商卢某要求店主何某赔偿己方损失20万元人民币，双方均向国际商贸城司法所申请纠纷调解。

【调解经过及结果】商城司法所受理该案后，对当事双方纠纷事实做了深入调查了解，分别制作了谈话笔录，对购货订单复印件进行了分析研判，实地收集了样品照片等证据材料。在对各种证据综合处理的基础上基本形成了调解思路和方案。商贸城司法所召集双方当事人及利益相关人员组织调解。

调解过程中，宁波客商卢某认为：店主何某利用自己初次经营鞋类生意缺乏经验的弱点，故意制造交货时间紧张的局面并把其中一批的交货时间放在半夜，造成自己验货工作仓促难以识别货物尺码和质量，骗取自己的收货签单，对方则趁机把工厂次品库存货交付给自己；验货过程中己方的失察责任是有的，但货物尺码不一、受潮发霉、品质低劣等质量问题必须由何某一方全部负责赔偿。店主何某认为：全部货物都经过出厂质量验证，且卢某收货时有签字确认，法理上讲自己是没有责任的；但承认确实有几件库存尾货有质量问题，到底有几件可以查明，愿意就查明的问题存货赔偿。

第一阶段双方各持己见，对残次货物总量以及赔偿数额都产生极大分歧，调解陷入僵局。但根据会场气氛，调解员感觉到经过长时间磨合，双方都具备达成协议解决问题的意向，达成协议的基础是有的。因此按照调解方案开始了第二轮单独沟通阶段，分成两组分别对双方做思想工作，即卢某一方必须承担验货失察的责任，何某一方必须承担货物质量的责任，在此基础上调解委员会顺势提出折中方案，赔偿在10万元以内谈判，这个范围得到双方认可。调解局面重新打开，调解员立即启动调解方案第三阶段，即以法理分析破除最后障碍，因卢某验货已签收，按照《合同法》规定已经形成对货物品质和数量的认可，另外双方并无封存样品比对等其他质量验证手段；对于发霉等质量主张，按照“谁主张谁举证”的《民事诉讼法》规则，卢某无法完成，最后认定卢某在该纠纷中应承担主要责任。

经过三阶段调解协商，双方自愿达成协议，即店主何某赔偿给宁波客商卢某人民币4万元整，一次性付清。调解协议生效后双方不得再以此事为由互相纠缠。

这起纠纷因双方存在诸多分歧，加上各自诉求与对方心理底线相去甚远，看似根本没有调解成功的基础，最终能让双方握手言和，主要得益于调解员把握住了三点。第一，前期工作准备充分到位。调解员对初期的调查取证和案情分析做了大量工作，用证据链基本还原了纠纷发生的客观经过，对责任的认定和赔偿数额范围成竹在胸。第二，精准地把握住双方心态。通过谈话调解员意识到双方对解决纠纷都有迫切需要，都把解决问题的希望寄托在这次调解上，这就使调解员占据了较为有利的工作地位并可以制定比较强硬的调解基调，在遇到阻力的时候保证调解进程不被中断。第三，在把握好以上两点的基础上制定了详细的调解方案，分三阶段一步一步引导当事人达成协议。如前所述，第一阶段是双方辩论表明初步诉求，预料之中因差距较大进入短暂冷静期，接着第二阶段用强硬姿态给双方单独做工作，摆事实讲利害将赔偿差距从20万元缩小到10万元，紧接着进入第三阶段，放下情理讲法理，最终明确了责任，促使双方成功达成协议。①

案例四

严格说起来，这个案例并非外调委的外籍调解员对涉外纠纷进行调解解决的案例，但是由于外籍调解员的努力，使得涉外纠纷

① 摘自《义乌市涉外纠纷人民调解委员会资料汇编》，2013年5月，第31—33页。此案虽然双方当事人都是中国人，但是这种纠纷也通常发生于中外当事人之间，对后一种纠纷进行调解时往往也采用相同的思路和方法，故此案具有典型意义。类似的纠纷可以参见方静：《义乌外贸年底涉外纠纷频发谨防供货商收完定金玩隐身》，http://www.ywcity.cn/news/yiwu/2013/12/2013-12-1158113.html.(2015/9/23)

当事人成功追回了外商所欠的货款，具有非常良好的社会效应。

【简要案情】2010 年，一家名为 EL-MANSOUR 的公司从义乌经营户王种根的店里采购了价值 13 万多元的商品，当时对方付了 1 万多元的订金，双方约好两个月后结清货款。但让王种根没想到的是，两个月后他的货送过去了，但采购商消失了，货款也没拿到。随后的两年，王种根通过翻译与这名苏丹客商断断续续地进行联系，但到了 2013 年却再也联系不上对方了。

【追款经过及结果】艾哈迈德是义乌苏丹商会的会长，也是今年新加入"外调委"的外籍调解员。"我很早就来到义乌经商了，义乌是我的第二个家乡，所以我不希望看到义乌和苏丹的商人因为一些纠纷而失去彼此的信任。"所以，当他了解到有苏丹采购商在义乌拖欠货款之事后，立即通过多种方式去苏丹寻找对方，向对方讨要货款。他希望通过自己的努力，能够让苏丹的商人继续来义乌做生意，也让义乌的经营户不要对苏丹商人有偏见。经过艾哈迈德的长时间的不懈努力，货款被追讨回来了，2015 年 5 月 27 日，义乌 6 位经营户来到位于国际商贸城四区的"外调委"，从来自苏丹的调解员艾哈迈德手中拿回欠了 5 年的货款，王种根拿回了 8 万元货款，而其他 5 位经营户也分别拿回了属于自己的货款，总计共 16.7 万元。"我真没想到钱还能要回来，感觉这笔钱就像是从天上掉下来一样的。"王种根忽然接到"外调委"工作人员的电话，告知他当年被拖欠的货款有着落了，这让他惊喜万分。"要不是艾哈迈德，这笔钱肯定拿不回来了。"被同一采购商拖欠了 2 万多元货款的经营户刘新法说，当时若不是艾哈迈德主动联系他，说帮他要回货款，他对这笔钱早就不抱希望了。①

在这个案例中，外调委在促进各国间建立起诚信贸易体系，搭建中外客商之间的"沟通之桥"方面的实践特别值得借鉴。

---

① 郑轩：《外籍调解员为经营户挽回 300 万元损失：义乌涉外纠纷人民调解委员会成效显著》，http://www.jhnews.com.cn/2015/0528/492609.shtml.(2015/10/31)

四、小结

义乌市涉外纠纷人民调解委员会自成立以来，至今已成功调解纠纷168起，涉案金额2300多万元，调解成功率达97.6%，为市场经营户挽回经济损失1200多万元，[①]可谓“硕果累累”。义乌市涉外纠纷人民调解委员会的成立有利于系统性地梳理、掌握和应对各类涉外纠纷调解案件，全面理顺纠纷调解的体制机制，规范纠纷调解的工作流程。它既是义乌人民调解工作进一步适应经济社会发展、促进社会和谐稳定的客观需要，又是探索建立新形势下解决涉外矛盾纠纷的必然要求，也是全面维护商城繁荣稳定，促进各国经营者诚实经商、守法经营的重要举措。义乌市因地制宜、开拓创新、充分调研，针对法制工作新常态，将涉外民间纠纷调解纳入人民调解范畴内，开创性设立涉外纠纷人民调解委员会，并以“以外调外”的新模式，机制化的调解新举措，联动借力的新方法，全力化解涉外纠纷，确保了义乌市场的和谐稳定，推动了“法治义乌”“平安义乌”的建设。更为重要的是，这种“以外调外”的模式，更能取得外商的信任，增加调解亲和力。目前，义乌还根据国家“一带一路”战略及义乌“义新欧”班列的开通，吸纳沿途国家的外商加入人民调解员队伍，为义乌“丝路新区”建设服务。需要强调的是，让外国的“老娘舅”参与“中国式”的矛盾纠纷解决方式，成为纠纷调解成功的重要保障。

---

① 沈颖洁、斯瑶：《义乌广州交流涉外调解经验　探索跨地区合作新模式》(中国义乌网2015年10月27日讯)，http://go2.10086.cn/news.zgyww.cn/system/2015/10/27/010029512.shtml.(2015/10/28)

第三节 设立专门的人民调解组织以解决涉及外来务工人员的纠纷:以余姚市的相关实践为例

近年来,随着经济社会的迅猛发展,外来人口不断涌入余姚,涉及外来人口的民事纠纷、劳动纠纷等民间纠纷的案件数量急剧攀升,全市有不少乡镇级人民调解委员会受理的民间纠纷案件中,涉及外来务工人员的纠纷数量占总案件数的一半以上,工作的难度、强度都要远远大于以往日常的村民之间的民间纠纷,这类纠纷多且化解难是基层调调人员普遍的切身体会。余姚市河姆渡镇的情况尤其具有代表性,大量外来务工人员在该镇创业、务工、生活,目前约有1.1万名外来人员常住或暂住河姆渡镇,其中青壮年约0.86万人,同时河姆渡镇本地常住人口2.1万人,20—60岁的约1.4万人,除去务农、外出求学、打工的人员,一定程度上,外来人员在各行各业的从业人员比例已超过本镇人口。针对该镇普遍存在的服务管理难、矛盾纠纷化解难等现状,余姚市政府和司法局根据以往工作经验,结合河姆渡镇的实际情况,以新老河姆渡人民调解委员会为载体,加强外来人口的法制教育、获取舆情信息、化解矛盾纠纷、畅通诉求渠道等方面的工作,切实增强新河姆渡人归属感、认同感,扎实创新社会管理服务工作。

一、余姚市河姆渡镇外来务工人员调解委员会

余姚市解决涉及外来务工人员纠纷的专门的人民调解组织最早是河姆渡镇外来务工人员调解委员会(以下简称河姆渡镇外口调委会),它秉承的是“以外调外”的调解原则,即借助人品好、觉悟高、有威信、有名望的外来务工人员作为调解员来化解外来务工人员与本地人之间、外来务工人员之间的劳动纠纷、人身伤害、工伤事故等各种纠纷。

（一）河姆渡镇外口调委会成立的原因

由于河姆渡镇外来务工人员的大量聚集，各种与其有关的矛盾纠纷频发，使得河姆渡镇的人民调解工作面临极大的挑战，基于如下原因，河姆渡镇外口调委会成立了。

第一，人民调解工作中涉及外来务工人员的矛盾纠纷比率较高。如2011年该镇人民调解委员会累计调处矛盾纠纷204件，其中涉及外来务工人员的有131件，占64%，人民调解资源很大程度上被涉及外来务工人员的矛盾纠纷消耗。同时涉及外来务工人员的矛盾纠纷如果得不到及时化解，很容易造成外来务工人员召集老乡、家属闹事引发群体性事件。如2008年6月，在五联村姆岭，一个贵州籍外来务工人员与安徽籍外来务工人员因一点小摩擦而争执，因调处不及时导致事件迅速恶化并上升成为双方各纠集大批老乡群殴的事件，最终是在派出所出警并鸣枪示警的情况下，事件才得以解决。

第二，外来务工人员的合法权益保障不力。在劳资关系中，职工处于弱势地位，外来务工人员尤其是弱者中的弱者，在日常工作中经常有外来务工人员咨询劳资、工伤纠纷的处理方式，很多都是因为企业拖着不给鉴定伤残等级或是不足额发放工资。外来务工人员想通过司法途径诉讼解决，一怕高额的代理费，二怕跟企业撕破脸后失去工作更拿不到钱。曾有一名外来务工人员无辜被企业开除后，虽然已申请劳动仲裁，但企业仍拖着不发工资余额和补偿金，而他本人又想尽早去其他地方找工作，导致该名外来务工人员处于两难的境地。

第三，外来务工人员管理难，新老居民融合有困难。虽然目前有外来务工办、新老居民和谐联谊会这两个专门为外来务工人员服务的管理机构，经常开展针对外来务工人员的各项服务工作，但是在碰到新老居民、新新居民摩擦时候，因地域风俗习惯不同、语言沟通不便，处理不及时、不规范，或外来务工人员对这两个单位处理矛盾纠纷的不信任而导致矛盾纠纷恶化、升级，最终酿成群体性事件。因此，如何引导当时已占河姆渡总人口的三分之一的外来务工人员更快、更好地融入当地文化成为一个必须要解决的问题。

基于上述原因，河姆渡镇党委、政府高度重视涉及外来务工人员的纠纷解决问题，多次在书记办公会议、党政联席会议上提出“关于组建由新老河姆渡人共同参与的调解委员会”的构想。

（二）河姆渡镇外口调委会机构组织情况及职责

该调委会由河姆渡镇外来务工办专职副主任兼任主任，3 名副主任中有 2 人为外来务工人员，其余 5 名调解员中有 3 人为外来务工人员，也就是说整个调委会 9 名成员中，外来务工人员占了 5 个，同时，调委会还物色了 12 名社交面较广、善言辞、有正义感、在外来务工人员中能说得上话的外来务工人员与镇外来务工办综管员一起担任调委会信息员，加强矛盾纠纷排摸面和排摸力度，以利于在矛盾纠纷萌芽阶段进行化解。

调委会主要负责受理本辖区内发生在涉及外来务工人员的公民与公民之间、公民与法人和其他社会组织之间涉及民事权利义务争议的各种纠纷，但不得受理法律、法规规定只能由专门机关管辖处理的，或者法律、法规禁止采用民间调解方式解决的纠纷，不得受理人民法院、公安机关或者其他行政机关已经受理或者解决的纠纷。其职责可以概括为：一是及时受理涉及外来务工人员的纠纷。对不能受理的纠纷在做好当事人稳定工作的同时，告知当事人寻求有关单位或通过法律途径解决，防止矛盾激化。二是积极收集外来人员情报、信息。充分运用好新老河姆渡人调解委员会调解员、信息员、综管员这支队伍力量，通过触角延伸，加大对涉及外来务工人员矛盾纠纷的排查力度，进而积极做好化解和信息反馈工作，保障社会安定平稳。三是积极宣传法律法规、规章和政策。教育公民遵纪守法，尊重社会公德，预防违法犯罪和民间纠纷的发生。

（三）河姆渡镇外口调委会的经验

自2009年9月28日新老河姆渡人民调解委员会成立以来，至2011年已成功调解矛盾70余起（其中协议调解14起），提供不安定因素或群体性事件苗头信息7起，对维护社会稳定起到积极的作用，较好地保障了新老居民的合法权益，促进了新老居民和谐共进。[①] 成效的取得主要基于该调委会在下面几个方面的经验：

第一，严把人员关，提升队伍素质。人民调解员应当坚持原则、爱岗敬业、热情服务、诚实守信、举止文明、廉洁自律、遵守纪律。要求社交面广、善言辞、有正义感、在外来务工人员中具有一定威信的外来务工人员担任调委会调解员和信息员，体现调委会工作的严肃性及人民调解队伍的正规性，切实壮大矛盾纠纷调解队伍，提高矛盾纠纷化解成功率，实现社会安定团结。之所以能够达成这样的效果，是因为外来务工人员成为调解员、信息员后主人翁地位感觉提高，他们在接受镇司法所的聘书后，感觉得到了当地政府的肯定，充分认清自身所处的位置，调整心态，积极参与到新老河姆渡人之间的矛盾纠纷调处、社会维稳等工作中来，较好地处理了涉及外来务工人员的矛盾纠纷，对于维护新老河姆渡人的切身利益，促进新老居民和谐共进，保障社会和谐稳定起到了较为明显的作用。

第二，创新工作机制，强化规范管理。一是健全例会制度。河姆渡镇外来务工办调委会建立了每季度一次例会制度，不定期开展学习、培训，提高自身素质，加强矛盾纠纷的排摸化解。二是完善激励制度。河姆渡镇外来务工办人民调解委员会制定了考核奖励办法，对人民调解（包括不安定因素信息提供）的工作内容、考核、奖惩进行了详细的规定。三是完善考核制度。镇司法所、外来务工办调委会定期对聘用人员进行考核，根据调解员、信息员的工

---

① 引自《新老河姆渡人调委会工作总结》：《以新老河姆渡人调委会为依托，有效化解矛盾纠纷》，2011年1月，第1页。

作表现及日常行为，评定人员的去留。

第三，加强管理引导，提高服务水平。人民调解工作是为了维护社会安定平稳，确保纠纷双方的合法权益，同时通过合情、合理、合法的调解，公平、公正的解决矛盾纠纷，避免矛盾扩大化。通过深入群众，联系实际，切实提高调解人员服务水平。一方面通过广场设摊开展普法宣传，引导正确维权途径；另一方面，通过调解员、信息员、综管员深入企业、市场、村落等社会各个角落，进行法律宣传、咨询活动，提升新老居民的法制意识及互融共建和谐社会的意识。

（四）纠纷解决及信息反馈的典型案例

1. 涉及外来务工人员的非因公死亡补偿纠纷的案例

【简要案情】2011 年 8 月 13 日，河姆渡外口调委会调解成功了一件涉及四川籍外来务工人员的非因公死亡补偿纠纷。虽然镇人民调解委员会在事情发生的第一时间就着手调解，但是死者家属担心政府偏向本地人，他们是外地人要吃亏，就纠集家属、老乡四五十人给政府施压，其中在出租房二十余人，来调委会的二十余人。针对此种情形，如果调委会不能妥善处理，极容易引发群体性事件。

【调解经过及结果】调解此案的镇外来务工办调委会四川籍调解员老江理直气壮、义正词严地对死者家属王某说："你们是来接受调解还是来闹事的，现在是法制社会，你们闹事有用吗？到后来不是两败俱伤吗？我们只有静下心来，合情合理地向厂方提出要求，争取企业老板的同情和理解。"这一席话，深深打动了死者家属的心，对方从而表示愿意接受调解。同时，镇调委会和外口调委会也向企业方做了大量的工作，企业方也愿意在自己的承受范围内给予尽可能多的补偿。在联合调委会的共同努力下，双方终于达成补偿协议。

外来务工人员非因公死亡纠纷的案件比较复杂，不但涉及外来务工人员的生命，还关系到全镇的安定。外来务工人员在异乡没有归属感和安全感，意外事件发生后总是倾向于找更让他们信任的老乡，他们担心当地政府会偏向本地人，自己的权利没法得到维护。而他们的这种选择性相信，抱团求平安的行为其实是内心怯懦的表现，政府在维稳的同时也应当注意到他们的心理。所以，像老江这类外地籍的调解员的存在有其必要性和合理性。这些被聘任的外地调解员，他们一方面政治倾向好、自身素质高、群众基础牢，另一方面他们热心公益、热衷服务，在帮助了老乡、服务了政府的同时还实现了人生价值，因此，他们在调解中的作用是无可替代的。如同本案中的老江以其与死者及其家属的老乡身份，以情动人，遵守法律法规，在尽可能的限度内考虑双方的需求，使双方心服口服，促使纠纷得以顺利地解决。

2. 提供群体性事件、信访苗头等不稳定因素信息的案例

自外口调委会成立以来，其成员提供了多起不安定因素或群体性事件苗头的信息，由于对相关信息反应及时，最后都将事态控制在了萌芽状态。

案例一：2009 年 9 月底，调解员江源根在得知原宁波佳隆金属制品有限公司（企业负责人于 3 月份下落不明）职工在串联，可能会去市里集体闹事后，在通知镇外来务工办的同时，积极劝说其中几个老乡不要去闹事，并取得了效果，没有出现集体上访事件。

案例二：2010 年 7 月 5 日，四川籍调解员李成华及时反映某公司门口有 3 人在拉横幅、吹喇叭讨货款，可能引发恶性事件。外来务工办调委会知晓这一信息后及时通过镇政府相关部门进行调处，确保事态不致扩大。

案例三：2010 年 8 月 14 日，一四川籍摩托车修理工在试车时因无证驾驶，被丈亭交警中队查处并行政拘留，其母亲因担心加上喝了点闷酒在出租房内意外死亡，死者家属仅有儿子媳妇。在要求交警中队先放人处理死者后事后，该修理工纠集了大批老乡准备抬尸闹事。四川籍调解员江源根得知这一信息后，一边通知镇外来务工办调委会，一边积极做好老乡的工作，同时向镇调委会、综治办协调要求先放人后拘留，最终成功劝阻老乡抬尸闹事，死者

的后事也得到了妥善的解决。[①]

二、“新余姚人”人民调解委员会

近年来，随着经济社会的迅猛发展，外来人口不断涌入姚城，涉及外来人口的民事纠纷、劳动纠纷等民间纠纷的案件数量急剧攀升，全市有不少乡镇级人民调解委员会受理的民间纠纷案件中，涉及外来务工人员的纠纷数量占总案件数的一半以上，且在具体调解工作过程中，工作的难度、强度要远远大于以往日常的村民之间的民间纠纷，这类纠纷多且化解难是基层调解人员普遍的切身体会。

2011年，余姚市委办、市府办印发《〈关于进一步加强乡镇街道综合治理工作中心和基层社会治安综合管理队伍规范化建设的实施意见〉等十个社会管理创新工作配套政策的通知》，由此拉开了在余姚市全面构建“大调解”体系的序幕。以此为契机，同年9月，余姚市司法局和外来务工人员服务与管理办公室联合发文，决定在全市乡镇（街道）组建新余姚人人民调解组织，并对组建工作提出了相关实施意见。就此，在之前河姆渡镇外口调委会的成功经验的基础上，一个“以外调外”的专业性调解组织在余姚市全面铺开，开了宁波全市、浙江全省乃至全国同类调解组织的先河。[②]

（一）“新余姚人”人民调解委员会的工作成效

“新余姚人”人民调解委员会成立之后在实践中取得了如下的一些工作成效：

第一，有效调处涉及外来务工人员的纠纷。由新余姚人参与、主持调解工作，外来务工人员的信任感比较强，成功率也比较高。

---

① 摘自《新老河姆渡人调委会工作总结》:《以新老河姆渡人调委会为依托，有效化解矛盾纠纷》，2011年1月，第4—5页。

② 《因时制宜因势利导走出特色化调解之路——新余姚人人民调解工作经验介绍》，载《宁波市第八次人民调解工作会议经验交流材料》，2013年12月，第7—10页。

如2011年7月，低塘街道新余姚人调委会成功调处了一起涉及一人死亡的交通事故纠纷。事发后，双方当事人第一时间找到低塘街道新余姚人调委会，口头申请调委会出面调解。调委会副主任、黄清堰村调解员张斌随即介入调解，其先以老乡的身份与死者方当事人建立初步信任、稳定当事人情绪，随后向他们详细解释了人身损害项目及标准，逐步推进调解进程；同时，黄湖村、历山站调解员积极做好肇事方工作，在村、站、街道三方调解员的共同努力下，通过前后近十次的调解，最终使纠纷得到圆满解决。

第二，及时反馈舆情动态。新余姚人调解员、信息员遍布在各个行业、各个领域，信息来源广、可信度大。

第三，深入开展了普法宣传。新余姚人调解员、信息员是政府信息在新余姚人中有效传递的纽带，通过新余姚人调委会的业务培训和会议交流，加强对新余姚人的法制宣传教育，引导新余姚人合理地表达自己的诉求，用法律武器维护自己的合法权益。并且通过新余姚人调委会，全面了解掌握新余姚人的风俗习惯、文化背景、宗教信仰、思想观念、价值判断、行为方式等，进一步拓展和完善新时期对新余姚人的管理和服务，促进社会和谐稳定。

（二）“新余姚人”人民调解委员会的工作经验

从“新余姚人”人民调解委员会行之有效的实践中可以总结出以下的一些经验：

第一，高度重视，提供保障，奠定基础。自新余姚人调委会成立以来，各乡镇（街道）党委、政府（办事处）、上级有关部门高度重视，在组织、经费、业务上提供保障，为这一组织的有效运行奠定了坚实的基础。

一是建立组织抓队伍。乡镇（街道）司法所在调查摸底的基础上，根据本辖区内新余姚人的数量、来自省份、所从事职业、性别、年龄结构等实际情况，对新余姚人调委会的组织机构、人员组成、工作细则等做出规定。按照标准化、规范化要求做好调委会的组建工作，做到“三有”即有牌子、有印子、有办公场所，“三落实”即人员落实、制度落实、工作落实。在队伍管理上一方面严把进口，吸收懂政策、有文化、有知识，热心人民调解工作，且在同乡中有较好口碑和威信的新余姚人担任调解员，同时在新余姚人中组建信息员队伍，延伸调解组织触角，及时收集相关信息；另一方面畅通出口，根据调解员、信息员的工作表现，法律修养、业务能力及工作完成情况定期进行考核，对不能胜任调解工作的及时予以解聘。一旦发现有违法行为或者利用工作之便，有欺压群众、煽动闹事等现象的，及时进行清理。

二是健全制度促工作。在日常工作中，通过完善各项制度加强规范化运作。

健全工作例会制度。以乡镇（街道）为单位，定期召开人民调解员、信息员会议，交流工作情况，借鉴经验方法，提高队伍整体素质。

完善奖励补助制度。落实“以奖代补”政策，充分调动新余姚人调解员的工作积极性和主动性。以河姆渡镇为例，对人民调解（包括不安定因素信息提供）考核奖励进行了详细的规定。调解一起普通纠纷并及时报告的，奖励 50 元；复杂民间纠纷调解成功的，每件奖励 100 元；在重大事件调处过程中起主导作用，而且防止了重大后果发生的，每件奖励 200 元；提供不安定因素信息并协助做好工作的，奖励 100 元。

规范业务培训制度。坚持分级培训的原则，当地司法所不定期地对新余姚人调解员进行不同形式的培训，每年由市司法局联合市外口流管办组织举办培训班，重点是涉及外来人口常用法律法规和调解程序、技巧等内容。

优化考核准入制度。针对新余姚人流动性大的特点，对调解员、信息员实施一年一聘的动态管理模式，及时有效地调整和充实调委会成员。按照人民调解员的管理办法，对新余姚人调解员实行持证上岗制度及年度考核制度，使这支队伍的管理趋于正规化、规范化、法制化。

三是加强协调重保障。积极争取当地党委、政府（办事处）的重视和支持,保障经费的投入。各地成立新余姚人调委会后,不断加大调解工作经费的投入,严格按照调解组织建设的要求落实办公场地,设置调解室,并配备了必要的硬件设施。为充分发挥其“以外调外”的特殊功能,各地建立起新老余姚人联谊会,加强互融。由于新余姚人调委会中的外来调解员、信息员不同于人民调解组织中的专职调解员,自身并没有工资,故更应对他们的工资补贴以及培训费用、奖励奖金在经费上予以落实和保障。

第二,多重机制保障化解纠纷。“新余姚人”调委会的工作机制是于事前、事中、事后分别采取相关措施,有效化解了大量外来务工纠纷。

事前排查,追根溯源预防纠纷。市司法系统大力整合乡镇(街道)—村(社区)—调解小组三级人民调解网络资源,将信息网络延伸到矛盾纠纷最前沿,强化联动工作机制,与综治、法检、劳监、信访等部门共享信息资源。司法所开展“十日一排查”行动,在五一、春节等重大节假日期间,加大对劳资纠纷的排查调处力度,实行24小时值班和“零报告”制度。通过对城区范围内外来务工纠纷的分析研判,在纠纷多发的时期和地点开展专项排查行动,及时发现苗头性、倾向性的问题并将其消除在萌芽状态。面向外来务工人员公开司法所负责人姓名、地址及电话,方便当事人求助。通过政务公开栏、明白纸等多种形式,方便群众了解人民调解程序、范围和工作机制,形成“有纠纷找司法所”的良好氛围。

事中调解,情法交融化解矛盾。外来务工人员在发生纠纷,特别是与本地人发生纠纷时,对人民调解公正性有所怀疑,消除疑虑成为调解成功的关键。司法所坚持公平公正原则,借助外来务工人员调解员积极为外来务工人员提供人性化调解服务,以真情化解他们的疑虑。在调解过程中,坚持讲法律、讲道理,以当事人容易接受的方式,为双方分析案情,解释法律关系,引导当事人理性处理纠纷。外来务工纠纷种类繁多,常涉及多个部门,司法所从维护稳定大局出发,以高度的责任感对案件一跟到底,主动帮助联系相关部门,提供便民服务。

事后跟踪，督教结合杜绝反复。达成调解协议后，司法所跟踪协议执行情况，做到协议履行完毕后才结案。同时，为杜绝此类纠纷再次发生，积极向相关企业或当事人提供专业法律建议，帮助他们从纠纷中吸取教训、总结经验。司法所工作人员经常在外来务工人员比较集中的地点开展专项法制宣传教育，精选典型案例，以案释法，从根源上减少矛盾纠纷的发生。①

三、小结

河姆渡镇外口调委会的实践中最为引人注目的就是在外来务工人员中聘任了调解员和信息员，他们在纠纷的预防和解决中发挥了举足轻重的作用。当然，也毋庸讳言他们的素质还有待提高，例如好几个调解员、信息员虽然在老乡中的认可度、地位很高，但是文化素质、法律知识等方面有待提高，甚至个别成员只是小学毕业，法律方面的知识更是少得可怜。此外，河姆渡镇外口调委会的成功实践离不开其对调解员、信息员的考核奖惩的强化，即通过严明工作纪律、工作职责，对于工作开展良好的调解员、信息员按照考核奖惩办法予以奖励，对于不能胜任调解工作的及时进行清退。该调委会在实践中形成的长效机制也特别值得一提。河姆渡镇外口调委会作为一个民间调解组织，在镇党委、政府的领导下，在司法所、外来务工办的指导下规范工作开展，通过明确职责、规范执行各项工作制度，确保工作常规化，为新老河姆渡人和谐共进、互融共建提供保障。在河姆渡镇外口调委会的经验基础上在全余姚市铺开的"新余姚人"调解组织的建立，是适应新形势、新任务发展需要，积极探索特色化调解工作新路子的创新举措。"以外调外"的方式解决了外来人口矛盾纠纷中经常遇到的"语言、信任、民族风俗"等问题，在维护社会和谐稳定中发挥了独特的作用。但"新余姚人"调解组织毕竟不同于传统的调解组织，它是一个因时、因

① 引自在余姚市司法局调研时所获相关资料，包括文件、工作总结等。

地而起的新生事物，它的发展方向及社会效果的发挥需要不断加强工作方法和措施，这样才能让这一特色性调解组织走上可持续性的发展道路，更加充分地发挥其独特作用。[①] 但是，毋庸置疑的是，余姚市在以人民调解方式解决涉及外来务工人员纠纷的实践中，创造性地以成立专门的人民调解组织、聘任外来务工人员担任调解员的方式，确实取得了很大的实效，从而为外来务工人员大量涌入的浙江省如何有效解决涉及这类人员的纠纷进行了有益的尝试和积累了宝贵的经验。

① 《因时制宜因势利导走出特色化调解之路——新余姚人人民调解工作经验介绍》，载《宁波市第八次人民调解工作会议经验交流材料》，2013 年 12 月，第 7 页。

第三章　浙江省其他纠纷解决方式与人民调解的对接实践

在我国多元化纠纷解决机制的构建中，各种纠纷解决方式与人民调解的对接实践也成为人民调解自身不断发展的一个表征。下面将选取浙江省人民调解与其他纠纷解决方式对接中的一些较为成熟的且社会效应良好的实践进行介评，以呈现人民调解在多元化纠纷解决机制构建中的地位和作用。

第一节　诉调对接的实践：以杭州市西湖区人民法院诉调对接中心的实践为例

人民法院近年来积极主导多元化纠纷解决机制的构建，在此过程中各省往往指定一些试点法院，浙江省杭州市西湖区人民法院就是这样的试点法院之一，其诉调对接中心的实践也由此具有典型意义。西湖区法院的诉调衔接工作经验先后被中央电视台、中央人民广播电台和新华社、《人民法院报》等中央级媒体报道，还得到了浙江省领导的充分肯定。

一、西湖区人民法院诉调对接中心概况

杭州市西湖区作为杭州中心主城区，集风景名胜、文化教育、科学技术、高校和商用住宅于一体，特殊的区情使西湖区法院面临新类型和疑难案件逐年攀升的压力，工作难度日益加大，为此，西湖区法院积极创新多元化纠纷解决机制，打造优秀调解员队伍，探索网上网下诉调对接模式，其所成立的诉调对接中心即是这种努力的成果。

西湖区法院的诉调对接中心是西湖区法院承担矛盾纠纷分流和督办重要职能的全新机构，旨在通过内合自身资源、外联多方力量，主动参与和保障社会管理创新，全面推动社会矛盾纠纷多元化解决机制的建立健全。

诉调对接中心设两个工作室，即诉前调解工作室、诉调对接工作室，通过构建“一中心两工作室”运转模式，完成“诉”与“调”网上网下无缝对接，将矛盾纠纷化解工作向前推移、向下延伸，以立体、多元、高效的运行模式，推动矛盾纠纷多层次、多渠道化解。①

（一）诉前调解工作室

诉前调解工作室由西湖区司法局驻法院的人民调解员以及特邀调解员组成，主要承担引导调解案件的调解工作。即对适合立案前调解或其他非诉讼纠纷化解方式处理的矛盾纠纷，由诉调对接中心引导至区司法局驻法院人民调解工作室先行调解或者指定给特邀调解员进行调解。此外还将心理咨询师引入诉前调解，与古荡街道合作，邀请其下属社团杭州心聆护航心理协会的专业心理咨询师入驻法院，每周一、周四下午固定坐诊。

（二）诉调对接工作室

诉调对接工作室主要承担纠纷分流的工作职能，对不同纠纷类型加以甄别，实现纠纷的对外分流，从而充分利用社会力量解决纠纷。诉调对接中心将案件主要分流至以下组织：行政机关；大调解中心；行业协会；商事调解组织；社区等其他具有调解职能的组织；合适的企业。

（三）陈辽敏法官网上调解工作室

陈辽敏法官网上调解工作室于 2011 年 9 月正式开通，是集网上立案、案件查询、网上预约开庭或调解、网上咨询、网络在线调解

---

① 钱让发，时思霞，余春江：《记杭州西湖法院诉讼服务中心和诉调对接中心》，2013 年 6 月 21 日，http://www.chinapeace.gov.cn/2013-06/21/content_8029993.htm.(2015/9/28)

等职能于一体的网站式便民诉讼工作室。目前网上职能主要有以下六项:留言咨询、网络调解和指导、法律建议、培训指导、滚动轮训、经验推广。2012 年,陈辽敏法官网上调解工作室融入西湖区"三全十服务"社会服务管理网,积极探索建立起诉与非诉化解矛盾工作平台,致力于实现司法服务的全天候、全方位、全覆盖。陈辽敏法官服务网的调解功能开始发挥越来越重要的作用,一大批案件通过网上调解,当事人不需要进法院就能将矛盾消化在源头。

诉调对接中心是西湖法院服务大局、深化综治工作的"新抓手",是保障民生、维护民利的"新路径",是提高审判质量、提升司法效能的"新举措"。诉调对接中心的建立实现了调解主体和调解方式的多元化和立体化,促使非诉讼纠纷解决方式更加便捷、灵活、高效,最终实现充分保障当事人的民事权利和诉讼权利。

二、西湖区人民法院诉调对接中心矛盾纠纷分流和督办制度

诉调对接中心承担矛盾纠纷分流和督办的重要职能,因此需要规范纠纷分流和督办的工作机制。做好案件接收、分流、办理、指导、反馈、确认等各个环节的相互衔接,实现矛盾纠纷有效对外分流。

(一)分流的工作原则

第一,分流工作坚持以"妥善分流、有效分流"为导向,根据矛盾纠纷的性质、类型,妥善向更适宜的调处机构有效分流矛盾纠纷。

第二,建立健全矛盾纠纷的接收、分流、办理、指导、反馈、确认等衔接制度。切实做到事事有落实,件件有回音。

(二)分流案件来源

第一,导诉员在导诉过程中,立案大厅在审查立案过程中,研判小组在研判过程中,认为不宜由法院处理,由其他机关、调解组织调处更为适宜的纠纷。

第二,西湖区大调解工作中心等机构交办的案件。

(三)分流案件去向

1.分流至驻院人民调解工作室

对适合立案前调解或其他非诉讼纠纷化解方式处理的矛盾纠纷,暂缓立案,编立引调字号,引导至区司法局驻法院人民调解工作室先行调解,引调字号一般适用案情简单、争议不大的适宜调解组织调解属于人民法院受案范围以及本院管辖的各类民商事(含知识产权)案件。

2.分流至特邀调解员处

对于当事人申请特邀调解员调解的纠纷,或一些适宜调解的重大、疑难、复杂纠纷由特邀调解员调解更为适宜的,以及人民调解员正在调解的重大、疑难、复杂纠纷,由诉调对接中心将案件指定给特邀调解员进行调解,特邀调解员可以单独调解,也可以与人民调解员、诉调对接中心法官等协同调解。

3.分流至行政机关

对于突发性公共事件引发的诉讼,涉及企业转制、征地拆迁等群体性纠纷,涉及政治性、历史遗留问题、政策性调整、公益性诉讼等法院无力单独化解或者由政府统筹处置更为妥当的案件,由诉调对接中心与区委办、区政府办、区政府法制办协商后后分流到相应的机关,并协同就案件涉及的法律问题、化解方式、处置时机进行沟通、协调和研究,为引导化解寻找出路。

4.分流至大调解工作中心

法院不予受理的纠纷、部分在基层组织化解更便民的纠纷以及部分适合街道司法所等组织调解的重大、疑难、复杂纠纷,由诉调对接中心与区大调解中心进行对接分流。

5.分流至商事调解组织

对于专业性较强的商事纠纷,以及可以由商会、贸易促进委员会等商事机构调解的商事纠纷,诉调对接中心本着妥善化解的原则,将该类案件分流至相关商事调解组织。

6.分流至社区等其他具有调解职能的调解组织

除分流到行政机关、人民调解组织、行业调解组织、商事调解组织外，由社区等其他具有调解职能的组织处理更为适宜的纠纷，法院本着自愿、合法的原则，予以妥善分流。例如相邻关系和物业服务合同等纠纷可以分流至当地社区进行调处。

7.分流至合适的企业

对于批量的、涉众的以及重大、疑难、复杂的涉及大型企业的纠纷，由诉调对接中心将该类案件分流至合适的企业进行调处。

（四）具体工作程序

1.接收

导诉员在导诉过程中，立案大厅在审查立案过程中，研判小组在研判过程中，认为不属于法院受案范围或不宜由法院处理，由其他机关、调解组织处理更为适宜的纠纷，诉调对接中心进行分类登记并录入网上信息系统。

2.分流

诉调对接中心对立案大厅接收、登记的矛盾纠纷进行分流去向甄别，根据不同性质、涉案范围极复杂程度等确定分流去向、调处时限。

3.办理

有关职能部门或调解组织对诉调对接中心分流的案件，要坚持自愿、平等、尊重当事人诉讼权利的基本原则，依法合理调处。调解机构应自受理案件之日起三十日内调处终结，但疑难、复杂纠纷可适当延长调处期限，但不得超过三十日。

4.跟踪指导

在调解过程中，诉调对接中心对分流出去的矛盾纠纷需逐件跟踪，并根据调处的实际情况及时给予指导。

5.反馈

在调解过程中，有关职能部门或调解组织应定期向诉调对接中心反馈工作情况。若调处成功，应填写矛盾纠纷分流任务完成情况反馈单，随同有关纠纷资料一并反馈给诉调对接中心，若调处不成功，则应填写矛盾纠纷分流任务未完成情况说明表，随同有关资料一并回流到诉调对接中心，由诉调对接中心直接调处。

6.司法确认

对于分流调处后调解成功的纠纷，在制作人民调解协议的基础上，需司法审查确认赋予法律效力的，由西湖区法院通过司法确认程序赋予调解协议强制执行的效力。

（五）实施督办回访。

第一，诉调对接中心对分流出去的矛盾纠纷逐件跟踪。根据实际情况对调处过程进行跟踪督办，对在限期内未能完成调解任务的，由诉调对接中心发出督办通知书，要求说明情况并尽快办结。

第二，对已调解的矛盾纠纷，开展跟踪回访，了解调解协议的履行情况，听取当事人对调解结果的反馈意见。[①]

三、西湖区人民法院开展的调解实践类型

西湖区人民法院在诉调对接中开展的调解实践视具体的案件情况不同而呈现出多样性。

（一）诉前调解

诉前调解，是指法院在立案受理前，经当事人同意，将民商事纠纷引导至人民调解组织、基层群众自治组织、工会、妇联等有关单位、组织或有专门知识、特定社会经验，与当事人有特定关系的人大代表、政协委员等个人先行调解。

适宜诉前调解的案件如下：(1)婚姻家庭和继承纠纷；(2)追索赡养费、扶养费、抚育费、劳动报酬纠纷；(3)损害赔偿纠纷；(4)宅基地和相邻纠纷；(5)农业承包合同纠纷；(6)合伙协议纠纷；(7)物

---

① 引自杭州市西湖区人民法院：《诉调对接中心矛盾纠纷分流和督办工作制度（试行）》（杭西法发〔2013〕28号），2013年5月17日，第1—6页。

业纠纷；(8)诉讼标的额较小的纠纷；(9)其他适合调解解决的纠纷。

当事人愿意接受诉前调解的，书面确认后，由立案庭负责立案的工作人员联系相关单位、组织或个人进行调解。经诉前调解达成协议的，具有民事合同性质，当事人请求法院制作调解书的，应予立案、审查，对符合法律规定的予以确认并制作调解书，当事人未请求法院制作调解书的，若一方当事人不履行，对方当事人可向法院起诉或申请支付令。经调解未达成调解协议的，当事人可随时向法院起诉，立案庭应依法及时审查、受理。

(二)立案调解

立案调解是指法院在立案阶段，对最高人民法院《关于适用简易程序审理民事案件的若干规定》第十四条规定的应当先行调解的六类民商事案件和其他经双方当事人同意在受理后尚未移送各民事审判庭审理的民商事案件进行调解。立案调解一般不超过立案后十日，最长不得超过二十日。

(三)委托调解

委托调解是指法院在审理民商事案件过程中，经双方当事人同意，将案件委托给人民调解组织、基层群众自治组织、工会、妇联等有关单位、组织或具有专业知识、特定社会经验、与当事人具有特定关系的人大代表、政协委员等个人进行调解。

案件受理后，各民事审判庭在审理过程中，经承办法官向当事人提示委托调解的相关规定，并引导当事人选择相关单位、组织或个人进行委托调解后，双方当事人书面确认的，由法院出具委托函委托调解，并将起诉状副本、答辩状副本、主要证据材料等复印件提供给接受委托的单位、组织或个人。接受委托调解的单位、组织或个人，应依法、合理进行调解，促成双方当事人达成协议，并将调解情况反馈给法院。接受委托调解的单位、组织或个人一般应在十五日内完成调解工作，调解达成协议的应制作调解协议书，如在期限内未达成协议的应终结调解。经双方当事人申请，并经法院同意后，可适当延长调解期限，但最多不得超过二十日。

当事人经委托调解达成协议，并已实际履行无须制作调解书的，原告应向法院申请撤诉，法院应予准许。经委托调解达成协议，当事人请求制作调解书的，法院应当依法予以确认，未能达成协议，或达成的协议无效，法院应当依法对案件进行审理，并将该案件经过委托调解的情况在裁判文书中予以适当说明。

（四）邀请协助调解

邀请协助调解是指法院在审理和复查民商事案件过程中，邀请人民调解组织、基层群众自治组织、工会、妇联等有关单位、组织或具有专门知识、特定社会经验、与当事人有特定关系人大代表、政协委员或个人协助法院进行诉讼调解工作。[1]

四、西湖区人民法院诉调对接中心的特邀调解员与专职调解员制度

（一）特邀调解员制度

早在 2007 年，西湖区法院就成立了立案调解组，2013 年又专门设立了诉调对接中心，内合自身资源，外联多方力量，建立健全了诉讼与仲裁、行政调解、人民调解、商事调解、行业调解以及其他非诉讼纠纷解决方式之间的衔接机制。2012 年，西湖区法院通过微博、网站、报纸、电台、电视台等形式招募、筛选组建起一支政治素养优秀、业务水平精良的特邀调解员队伍，成功调解重大、疑难案件 690 件，调解成功率达 65.3%。西湖区法院目前已成立婚姻家庭调解团队、知识产权调解团队、商事纠纷调解团队等七支专业化特邀调解员团队，并建立特邀调解员名册制度，明确特邀调解员的选任条件、工作流程、培训管理、奖励机制等，强化团队建设。

---

① 引自杭州市西湖区人民法院：《关于下发〈关于开展诉前调解、立案调解、委托调解和邀请协助调解工作的若干意见（试行）〉的通知》（杭西法发〔2007〕12 号），2007 年 4 月 19 日，第 2—5 页。

第一，特邀调解员的选任管理。为了有效预防和化解矛盾纠纷，维护社会和谐稳定，需加强特邀调解员制度建设，建立一支政治素质优秀、业务水平精良的特邀调解员队伍，多元化化解矛盾纠纷，促进社会公正。

特邀调解员主要由下列人员组成：(1)道德模范、劳动模范、先进行业代表。(2)社会团体工作人员，如妇联、残联、侨联、老龄联、总工会、工商联等。(3)行业协会工作人员，如保险、旅游、律师、物流、建材、建筑、房地产、互联网、电子商务、餐饮等协会工作人员。(4)在专业领域有特长的律师，如在办理婚姻家庭、劳动争议、建筑施工、物业管理、侵权赔偿等案件经验丰富的律师。(5)心理咨询师、注册会计师、注册评估师、婚姻家庭咨询师等各行业取得执业资格、具有声望的专家。(6)在镇街、村社区、大企业具有较高威望和一定影响力的社会人士。

西湖区人民法院可以邀请符合条件的公民作为特邀调解员列入特邀调解员名册，并颁发特邀调解员聘书。符合条件的公民也可由其所在单位或其本人申请，经西湖区法院审查合格的列入名册，颁发特邀调解员聘书。西湖区法院应向社会公布特邀调解员名册。

西湖区人民法院负责特邀调解员的日常管理工作，包括名册管理、业务指导、业绩评估、专业培训、沟通协调等工作。特邀调解员实行分组管理，各调解小组可通过陈辽敏法官网上工作室或其他网络平台，与特邀调解员实时沟通，就日常工作中的问题进行沟通。西湖区人民法院和特邀调解员要建立季度会议制度，会议采取座谈会、分组研讨、网络会议等形式。

特邀调解员每两年进行一次续展注册。特邀调解员有下列情形之一的，不得再列入名册并收回所颁发的证书：(1)无正当理由未能正常履行职责的。(2)强迫当事人调解或协助当事人获取非法利益的。(3)因工作、健康等原因不能再继续担任特邀调解员的。(4)特邀调解员主动提出不再列入名册的。(5)受到劳动教养或刑事处罚。(6)受到行业协会取消执业资格等重大处分的。(7)

其他不宜担任特邀调解员的情形。①

第二，特邀调解员的工作规则及程序。特邀调解员调解民事纠纷，应当遵守下列原则：(1)特邀调解员应当维护当事人的合法权益。(2)特邀调解员应当依据法律、法规进行调解，在不违反法律、行政法规强制性规定的前提下，可以参考政府规章、行业惯例、村规民约、社区公约、当地善良风俗等。(3)特邀调解员在调解过程中应当保持客观、中立的立场，平等对待当事人。(4)特邀调解员调解纠纷，可以公开进行，但涉及当事人的隐私、商业秘密，或当事人表示反对的除外。(5)特邀调解员、当事人及其代理人、证人、专家以及其他参与调解过程的人员对于涉及当事人的隐私、商业秘密等事项具有保密义务。

申请调解的一方当事人应向西湖区法院提交调解申请书及相关证据材料。当事人一方申请诉前调解的，可从特邀调解员名册中先行选择三位特邀调解员，或同意由西湖区法院指定特邀调解员。另一方当事人应在接到电话、短信等通知之日起三日内确认是否同意调解。对于重大、复杂纠纷，西湖区法院经当事人同意后，可从特邀调解员名册中选择其他多名特邀调解员共同参与调解。

双方当事人均同意调解并确认特邀调解员后，调解案件正式受理。西湖区法院立案大厅根据案件类型分流到各调解小组，各调解小组应及时通知特邀调解员，并将相关材料一并移交到特邀调解员。特邀调解员收到相关材料后，在充分了解案件争议事实的基础上，通知双方当事人进行调解。特邀调解员应当勤勉、积极主动地运用调解经验、专业知识进行高质量、高效率的调解。调解达成协议的，应当制作调解协议书，由双方当事人和特邀调解员签字。调解协议达成后，当事人就调解协议的履行、调解协议的内容发生争议的，一方当事人可就调解协议向西湖区法院提起诉讼，西

---

① 引自杭州市西湖区人民法院：《杭州市西湖区人民法院特邀调解员选任管理办法(征求意见稿)》，第1—5页。

湖区法院按照合同纠纷进行审理，当事人一方以原纠纷向西湖区法院起诉，对方当事人以调解协议抗辩并提出调解协议书的，应就调解协议的内容进行审理。调解未达成协议的，特邀调解员在征得双方当事人同意后，可以书面形式记录双方没有争议的事实，经双方签字后，当事人无须在诉讼过程中对已记载的没有争议的事实进行举证，但当事人为达成调解协议而做出的妥协，不得在其后的诉讼中作为对其不利的证据。

自调解协议生效之日起三十日内，双方当事人可以共同向西湖区法院提出申请司法确认调解协议，一方当事人提出申请，另一方当事人表示同意的，视为共同提出申请。西湖区法院经审查符合法律规定，裁定调解协议有效，一方当事人拒绝履行或未全部履行的，对方当事人可向西湖区法院申请执行。

调解过程中，有下列情形的，特邀调解员可决定终结调解：(1)一方当事人撤回调解请求或申明终止调解程序。(2)特邀调解员认为双方分歧较大且难以调解的。(3)特邀调解员认为终止调解更有利于保护当事人合法权益的。(4)一方或双方当事人就所争议的事实向其他法院提起诉讼或仲裁机构提起仲裁，且已经受理的。(5)导致调解活动难以进行的其他情形。

调解程序开始后，原则上不得更换特邀调解员，如当事人请求更换特邀调解员，须征得另一方当事人同意，经双方共同申请，可重新选定或由西湖区法院指定特邀调解员。一方当事人请求更换特邀调解员，另一方当事人不同意的，调解程序终结。①

（二）专职调解员制度

最高人民法院在 2012 年出台了《关于扩大诉讼与非诉讼相衔接的矛盾纠纷解决机制改革试点总体方案》，尝试建立法院专职调解员制度，由那些具有调解能力的法官或法官助理转任专职调解

---

① 引自杭州市西湖区人民法院：《杭州市西湖区人民法院特邀调解工作规则（征求意见稿）》，第 1—8 页。

员，专门从事调解工作。这既能保证审判法官可以集中精力审理案件，合理配置司法资源，又能防止出现调判纠纷、以判压调、强制调解等问题。

专职调解员的绩效考核由西湖区法院考评办负责组织、指导、监督，诉调对接中心负责组织实施专职调解员的日常考核。考核内容分为办案绩效考核和综合目标管理考核两部分。办案绩效考核主要考核专职调解员调解案件的数量，并根据每月调解的案件数量计奖，综合目标管理考核主要考核专职调解员制度作风建设、廉政建设、工作创新、工作质量和效果等情况，并根据累计的加扣分总数计奖罚。

诉调对接中心每月对专职调解员进行考核，每月 25 日前，专职调解员对本人的办案绩效和综合管理目标进行自评，并将考评数据上报至诉调对接中心。诉调对接中心以检查台账、定期抽查、网上数据对比等方式进行核查，核定绩效，每月 30 日前将考评结果报院考评办。

诉调对接中心设专职调解员年终综合考核奖，根据专职调解员的总体工作表现分别设立一、二、三等奖予以奖励。①

五、西湖区法院与外部机构积极探索建立诉调对接工作合作机制

西湖区人民法院在诉调对接的实践中还积极探索与其他相关机构的合作，目前已形成了下列的一些工作合作机制：

（一）劳动纠纷的诉调对接工作合作机制

为了发挥工会组织在劳动纠纷中的积极作用，公正、高效、稳妥地审理劳动纠纷案件，维护社会和谐稳定，西湖区法院和西湖区总工会积极探索建立劳动争议诉调对接工作合作机制。区总工会

---

① 引自杭州市西湖区人民法院：《杭州市西湖区人民法院专职调解员的绩效考核办法》（杭西法发〔2014〕21 号），2014 年 5 月 20，第 1—4 页。

在维权帮扶中心设立“工会劳动纠纷维权中心”,并设案件受理、调解工作室,具体承担由区人民法院委托的劳动纠纷案件和其他劳动纠纷的调解工作。

委托工会调解组织受理下列案件:(1)区人民法院受理的劳动合同纠纷、社会保险纠纷等劳动纠纷案件,可根据案件的具体情况,在征得当事人同意后,委托“工会调解中心”进行调节。(2)群体性劳动纠纷案件或在当地有重大影响、疑难复杂的劳动纠纷案件,可先行委托“工会调解中心”进行调解。

区人民法院受理劳动纠纷案件后,当事人同意由“工会调解中心”调解的,区人民法院应向“工会调解中心”出具书面委托调解函,将诉讼及证据材料复印件随函移送,并做好调解指导工作。若一方当事人明确拒绝由“工会调解中心”调解的,则案件应继续审理。“工会调解中心”收到委托调解函后,应在五日内通知当事人,告知当事人有关调解人员的姓名,是否申请回避,调解中的相关权利和义务及调解日期。劳动纠纷案件调解一般应当公开进行,当事人申请不公开进行的,调解人员应当准许。“工会调解中心”接受委托调解后,可根据具体情况安排调解场所。区人民法院委托“工会调解中心”调解的案件,调解期间为二十日,期满未达成调解协议的,经各方当事人同意,可续调一次,延长期限为十日,调解期限不计入案件审理期限,调解期限按当事人同意由“工会调解中心”调解之日起算。调解过程中当事人可自行提出调解方案,也可由调解人员提出调解方案供当事人参考。当事人在“工会调解中心”调解下达成协议的,由“工会调解中心”出具“委托调解反馈函”,并在调解协议签署后三日内将全部案卷材料随函移送区人民法院,经区人民法院审查确认的,应在七个工作日内制作调解书送达各方当事人。劳动纠纷案件当事人未能在调节期间内达成协议的,应终止调解,由“工会调解中心”出具“委托调解反馈函”,并在三日内将调解笔录等相关材料随函移送区人民法院,同时将情况一并告之各方当事人。

调解员有下列情形的应当自行回避,当事人有权以口头或书面形式申请回避:(1)是本案当事人,或诉讼代理人的近亲属。(2)诉讼前参与过本案的调解、仲裁活动。(3)与本案当事人有其他关系,可能影响对案件公正审理的。

当事人申请调解员回避的,调解员应当回避,更换调解员后,若有一方再次申请回避的,则视同拒绝调解,终结调解程序,将案卷材料移送区人民法院。

"工会调解中心"接受区人民法院委托进行调解,达成调解协议的,区人民法院应当依法予以确认。调解协议有下列情形之一的,区人民法院不予确认:(1)侵害国家利益、社会公共利益的。(2)侵害案外人利益的。(3)违背当事人真实意愿的。(4)违反法律、行政法规禁止性规定的。①

(二)著作权纠纷诉调对接工作合作机制

西湖区著作权纠纷案件的诉调对接工作在区法院、区文广新局的统一指导下进行,区法院诉调对接中心、知识产权庭与区文广新局市场管理科、执法大队是全区著作权纠纷诉调对接工作的职能部门,通过召开联席会议、制定规范性意见、加强业务培训、组织考核表彰等形式,具体负责全区著作权纠纷诉调对接工作的组织、规划和协调。

区法院会同区文广新局,根据本辖区内著作权纠纷案件数量,各专业人员数量等具体情况,确定著作权纠纷特邀调解员的名额和人选,特邀调解员确定后,由区法院、区文广新局共同聘请,向社会公布。区法院诉调对接中心应确定专职调解员与区文广新局和特邀调解员的协调工作。区法院诉调对接中心或区文广新局办公所在地为特邀调解员处理著作权纠纷案件的工作场所,必要时也可借助陈辽敏法官网上工作室的网络调解平台进行。

---

①　引自杭州市西湖区人民法院、杭州市西湖区总工会:《杭州市西湖区人民法院、杭州市西湖区总工会关于委托工会组织调解劳动纠纷案件的实施意见(试行)》(杭西法发〔2009〕63 号),2009 年 12 月 16 日,第 1—3 页。

区法院对于起诉至法院未立案，或正在审理中的著作权纠纷，可根据纠纷的实际情况和需要，与区文广新局开展诉前、委托、协助调解。特邀调解员参与诉前调解、委托调解的，应制作调解笔录，记录当事人的调解意向、对事实的陈述和对证据的质证意见。调解过程中，区法院、区文广新局相关人员特邀调解员应加强沟通，相互配合、互通信息，在调解过程中，区法院、区文广新局也可以发挥行业协会的作用，共同做好息讼、调解工作。①

（三）商事纠纷诉调对接工作合作机制

西湖区商事纠纷的诉调对接工作在区法院、区工商联的统一指导下进行，区企业法律服务中心是全区商事纠纷诉调对接工作的专业机构，通过召开联席会议、制定规范性意见、组织双向交流培训、加强专业风险提示、组织考核表彰等方式，具体负责全区商事纠纷诉调对接工作的组织、规划和协调。

区法院会同区工商联，根据本辖区内商事纠纷案件数量、各专业人员数量等具体情况，确定商事纠纷特邀调解员的名额和人选，特邀调解员确定后，由区法院、区工商联共同聘请，向社会公布。

区法院对于起诉至法院未立案，或正在审理中的商事纠纷，可根据纠纷的实际情况和需要，与区工商联开展诉前、委托、协助调解。特邀调解员参与诉前调解、委托调解的，应制作调解笔录，记录当事人的调解意向，对事实的陈述和对证据的质证意见。调解过程中，区法院、区工商联相关人员特邀调解员应加强沟通，相互配合、互通信息，在调解过程中，区法院、区工商联也可以发挥行业协会的作用，共同做好息讼、调解工作。②

---

① 引自杭州市西湖区人民法院、杭州市西湖区文化广电新闻出版局：《杭州市西湖区人民法院、杭州市西湖区文化广电新闻出版局著作权诉调对接合作机制》，杭西联发〔2014〕1号，2014年5月9日，第1—5页。

② 引自杭州市西湖区人民法院、杭州市西湖区工商业联合会：《关于印发〈西湖区人民法院、西湖区工商业联合会商事纠纷诉调对接工作合作机制〉的通知》（杭西法发〔2014〕39号），2014年9月9日，第1—4页。

（四）保险纠纷诉调对接工作合作机制

为了有效地化解社会矛盾，建立健全诉讼与非诉讼相衔接的纠纷解决机制，密切法院与行业调解组织的联系，充分发挥保险行业调解组织在处理相关纠纷中的积极作用，保护保险合同当事人的合法利益，促进保险业的健康发展，需加强法院和保险行业调解组织在保险纠纷中的诉调对接合作。

法院在起诉状或口头起诉后，正式立案前，或正式立案后、判决做出前可经当事人申请依职权，委托保险行业调解组织进行调解。诉讼前西湖区法院委托调解的纠纷，经保险行业调解组织调解后达成调解协议的，由双方当事人、调解员和保险业调解组织签字或盖章，调解协议具有民事合同性质。保险行业调解组织应将调解结果告知西湖区法院。对有管辖权的，当事人可以申请西湖区法院进行司法确认。西湖区法院在收到确认申请后应认真审查，并决定是否确认调解协议的效力。确认决定送达双方当事人后调解协议发生法律效力，一方当事人拒绝履行的，另一方当事人可申请西湖区法院强制执行。当事人不同意调解或在调解期间内未达成调解协议的，西湖区法院应当依法及时立案。

西湖区法院在立案后，判决做出前委托调解的案件，经调解达成调解协议的，保险行业调解组织应将调解结果以书面形式告知西湖区法院。当事人可申请撤诉，申请司法确认或由西湖区法院审查后制作调解书。当事人不同意调解或在调解期间内未达成调解协议的，保险行业组织应填写“委托调解结果单”，列明争议焦点，送交西湖区法院，西湖区法院应依法及时审判。

委托调解的期间一般不超过十个工作日，情况特殊的，最多不超过十五个工作日。诉讼中委托调解的期间，不计入审理期限。[①]

---

① 引自杭州市西湖区人民法院：《关于贯彻落实〈浙江省保险行业协会、杭州市西湖区人民法院关于建立诉调对接工作机制若干意见（试行）〉的通知》（杭西法发〔2010〕46号），2010年9月9日，第1—3页。

（五）互联网纠纷诉调对接工作合作机制

为了进一步加强诉讼调解工作，发挥行业协会在民商事纠纷中的重要作用，促进纠纷的和谐解决，西湖区人民法院决定委托中国互联网协会调解中心进行有关案件的调解工作。

法院受理案件后，经法院向双方当事人说明，双方当事人同意的，可由调解机构或调解员进行调解。经法院向双方当事人说明，双方当事人同意调解机构进行调解的，法院应当记入笔录。当事人自行申请的，应向调解机构提交调解申请书，写明案号、案由、申请人和被申请人的姓名及联系方式，可附证据材料和调解请求。当事人经法院提出申请的，由合议庭采取电话、电子邮件等方式通知调解机构，并附当事人信息。向调解机构申请的，应向法院提交调解申请书或填写调解申请表，写明案号、案由、当事人姓名、调解员姓名和联系方式。调解工作所需的相关材料当事人可自行向中国互联网协会调解中心提供，也可由中国互联网调解中心调解员到庭阅读。调解过程可制作调解记录，由各方当事人签章。调解达成后，当事人可据此订立和解协议，并由当事人向法院申请撤诉，当事人也可申请法院出具民事裁定书、民事调解书。调解不成时，调解机构应及时告知承办法官，诉讼程序继续进行。

此外，西湖区人民法院在审理网络侵权等案件中涉及相关专业技术需要提供技术咨询意见的，可以委托中国互联网协会推荐有关技术专家。双方将在互联网科技知识、法律专业培训、研讨等方面积极开展工作。[①]

六、小结

西湖区人民法院的诉调对接实践取得了丰硕的成果，据调研数据2013年至2014年西湖区法院共引导、委托调解案件7473件，

---

① 引自《浙江省杭州市西湖区人民法院委托中国互联网协会调解中心调解涉及互联网纠纷案件协议书》，第1—4页。

占全院同期民商事收案数的47.1%。共办结6741件,其中调解成功4253件,调解成功率为63.1%,司法确认1622件。应该说取得了化解纠纷,解决案多人少的矛盾,满足多元司法的效果。总之,西湖区人民法院借助人民调解的方式对多元化矛盾纠纷解决机制的积极探索具有示范、指导作用,对推动全社会矛盾化解体系的建设和完善做出了自己的独特贡献。

第二节　交调衔接的实践:以温州市交通事故处理的"四位一体"工作机制为例

随着机动车数量的大幅增长,人员构成情况的日益复杂,道路交通事故的发生也日益频繁且渐趋复杂。交通事故引发的人身伤亡的损害赔偿纠纷仅仅靠交警部门和司法部门的单一手段是无法妥善解决的,这会进一步给社会稳定带来负面影响。因此,借助于人民调解这种行之有效的方式解决此类纠纷就成为实践中逐渐开展的有益探索,其中温州市所创立的"四位一体"的工作机制尤其引人注目。

一、温州市"四位一体"工作机制的形成背景

温州市公安局交通警察支队四大队于2002年11月成立,前身是瓯海公安分局交巡警大队。大队现有在编民警93人,下设综合室、事故中队和6个路面中队,管辖瓯海区13个街道、乡镇,辖区面积467平方公里。近年来,瓯海城市化建设步伐不断加快,辖区交通条件不断改善,区内104国道、南塘大道、高桐公路贯通南北,瓯海大道、温瞿公路横跨东西,城市公路网逐渐发达。随着公路网的不断完善,交通管理压力也随之加大。大队辖区内有瓯海经济开发区、货运市场、家具市场、装潢材料市场等大型企业和市场。伴随瓯海区现代化新城区建设全面推进,特别是铁路新南站的建成通车、大量工程建设项目的推进,物流、人流量不断增加,交通参与者素质参差不齐,交通事故一直呈高发状态。

在2010年的时候，1月至10月份大队共接报警数60,979起，平均每天210起左右，经民警现场调解、快速处理和因重复报警、自主消化外，共立案2233起，除案件经办民警直接调解处理1390起外，需移交人民调解、行政调解的843起，其中已调解成功427起，行政调解不成功终结移送法院208起，剩余208起等待调解。而大队现有在编民警才93人，专职事故处理民警16人，繁重的路面交通管理与道路交通事故处理已经让整个交警队伍处于严重超负荷运转工作状态，影响了交通事故处理工作的质量与效率。这说明现有的道路交通事故处理模式已不足以应对实际情况，如何提高道路交通事故调解工作的质量与效率就成为交警部门需要迫切解决的一大新课题。

面对巨大的压力与挑战，温州市瓯海区从交通事故纠纷特点和纠纷解决规律分析、从诉讼面临现实问题思考、从保险理赔衔接考虑，积极探索省时省力、高效便捷、彻底化解交通事故纠纷的解决办法。为此，交警支队四大队于2010年在温州市公安局，瓯海区委、区政府和市交警支队的领导下，在现有行政调解的基础上与瓯海区司法局联合成立了人民调解委员会，协调瓯海人民法院成立交通事故巡回法庭进驻交警支队四大队，积极与保险公司、律师事务所、法医、车辆专门鉴定机构等单位成立综合服务部门，形成行政调解—人民调解—法庭审判—保险理赔综合服务“四位一体”的纠纷解决的工作机制。①

二、温州市“四位一体”工作机制的特点

交调衔接“四位一体”是指交警部门、人民调解委员会、法院与保险公司、律师事务所、法医、车辆专门鉴定机构等单位联合组成的综合服务部门，共同调处、化解道路交通事故损害赔偿矛盾纠纷的工作机制。具体而言“四位”是人民调解、行政调解、司法调解、

---

① 引自温州市公安局交通警察支队四大队编：《交调衔接》，第9页。

保险理赔综合服务各自行使职能;"一体"是三种调解方式与保险理赔综合服务有机结合。"四位"一体首先是以四位为基础,强调四位各负其责,同时注意一体化的协作。"三调联动"就是建立人民调解与行政调解联动机制,人民调解与司法调解联动机制以及保险理赔综合服务于人民调解、行政调解、司法调解联动机制,突出"人民调解"的基础性作用,强化"行政调解"职能,深化"司法调解",优化"保险理赔综合服务",三种调解手段与保险理赔综合服务相互衔接配合的大调解工作体系,更多地用和谐方式解决当事人之间的矛盾和争议。

"四位一体"工作机制的特点主要有:

第一,部门联合服务,整合资源破解"调处难"。大队在上级指导下,在行政调解的基础上与司法局联合成立交通事故人民调解委员会,邀请人民法院驻队成立了交通事故巡回法庭,积极和保险公司、律师事务所、专门鉴定机构联合成立综合服务部门,形成行政调解—人民调解—法庭审判—保险理赔"四位一体"工作框架,并配套形成集法律咨询援助、医疗咨询鉴定、车辆检验鉴定等于一体的独特运作模式。通过事故受理、案件办理、责任认定、人民调解、司法援助、法律诉讼、保险理赔等集中办公,实现了"一条龙、一站式"交通事故处理流程,使得以往需要往返多个部门才能办理的事项,现在可以一站式办理完毕,实现了服务零距离、流程零距离的双零目标,取得了多方共赢的良好社会效应。

第二,搭建沟通平台,无缝衔接破解"诉讼难"。交通事故人民调解委员会进驻交警部门后,确立了以人民调解为主导、行政调解为辅、司法调解和法院审判为后盾并相互衔接的调解模式,形成多元化解决纠纷的新机制,有效解决了因行政调解、人民调解中出现的重复调解、调解后难以兑现导致效率不高等问题。"一条龙、一站式"交通事故处理流程,把司法程序衔接到交调衔接之中,使得以往复杂的司法程序变得方便、快捷,"诉讼难"得到了有效破解。

第三,加强理赔协作,一站式解决民事"赔偿难"。交警与保险部门加强协作配合,规范理赔操作模式,把保险理赔融入行政调解、人民调解和司法调解的全过程，最大限度地为当事人提供便利的理赔方式，及时有效地化解因交通事故赔偿而引发的保险争议，真正做到民生警务、惠及百姓。[①]

三、温州市“四位一体”工作机制的经验

“四位一体”的工作机制自运转以来，经实践证明是行之有效的，其经验可以总结如下：

第一，重视建章立制，建立“交调衔接”长效机制。从有利于管理和规范工作的角度出发，制定出台了一系列针对性、操作性强的“衔接”工作方面的规章制度，使其有章可循。首先，建立联席会议机制。由区委政法委牵头定期召集交警、法院、司法行政、保险等部门召开联席会议，研究解决工作中出现的新情况、新问题，剖析矛盾纠纷的难点、焦点，总结工作经验，研究措施和对策。其次，建立联合管理机制。由司法部门分别和交警对调解室实行“双重管理”，即由交警大队负责各项日常工作，做好统一管理、统一考勤。由司法所负责驻所调解室的业务指导和人民培训工作，确保驻所调解室管理有序。再次建立考核奖惩机制。制定出台专职调解员年度考核办法，将矛盾纠纷调解率、调解成功率作为考核主要指标，并根据实际情况适时引入奖惩机制，调动调解员工作的积极性，以量促质。

第二，整合各种交通事故的处理方式，发挥各自特长的同时又使其能够有机地衔接在一起，提高纠纷解决的效率和效果。人民调解是在依法成立的人民调解委员会的主持下，在双方当事人自愿的基础上，以国家法律、法规、规章、政策和社会公德为依据，对民间纠纷当事人进行说服教育、规劝疏导，促使纠纷各方互谅互让，平等协商，自愿达成协议，消除纷争的一种方式。在交通事故损害赔偿纠纷中引入人民调解机制，是为了发挥人民调解的优势，

---

① 引自温州市公安局交通警察支队四大队编：《交调衔接》，第 58 页。

解决道路交通事故当事人之间的民事损害赔偿纠纷，依法维护当事人合法权益，并通过与行政调解、司法调解相互衔接配合的工作机制，最大限度地化解矛盾，促进社会和谐稳定。交通事故人民调解委员会的受案范围包括公安交警部门按照一般程序处理的伤人、财产损失道路交通事故；公安交警部门按照简易程序处理的道路交通事故；公安交警部门无法认定事故责任，事故双方当事人自愿申请“交调会”调解的交通事故。

行政调解是国家行政机关对属于本机关职权管辖范围内的行政纠纷，以国家法律、法规及政策为依据，在行政机关的主持下，以当事人各方自愿为原则，通过对争议各方的说服与劝导，促使各方当事人互让互谅、平等协商、达成协议，以解决有关争议的活动。根据我国《道路交通安全法实施条例》第九十四条的规定：“当事人对交通事故损害赔偿有争议，各方当事人一致请求公安机关交通管理部门调解的，应当在收到交通事故认定书之日起十日内提出书面调解申请。”因此，公安机关交通管理部门的调解属于行政调解。对交通事故致死的，调解从办理丧葬事宜结束之日开始；对交通事故致伤的，调解从治疗终结或者定残之日开始；对交通事故造成财产损失的，调解从确定损失之日开始。

为了使交通事故损害赔偿“四位一体”调解机制顺利实施，大队成立四位一体领导小组，由大队长亲任组长，其他大队领导为副组长，综合室负责人和各中队负责人为成员，下设办公室，办公室设在事故处理中队。

由于“四位一体”工作机制强调一种综合服务，即将保险公司、律师事务所、法医、车辆专门鉴定机构等与道路交通事故处理、调解有密切联系的单位进行资源整合，配套形成集法律咨询援助、法医咨询鉴定、车辆检验鉴定等于一体的人民调解的独特运作模式，[1]因此，该机制在道路交通事故纠纷的处理上取得的极大成效

① 引自温州市公安局交通警察支队四大队编：《交调衔接》，第58—59页。

也就具有了必然性。

四、典型案例

“四位一体”工作机制形成之后，在实践中取得了很好的成效。下面是一起交通事故致残引发的纠纷的处理情况。

【简要案情】2014 年 3 月 25 日 19 时 50 分许，陈某驾驶轿车行驶至永嘉县上塘中心城区陈岙村地段时，与高甲驾驶的二轮电动车发生碰撞，造成两车受损及高甲与二轮电动车车上乘客高乙受伤，高甲与高乙被送往永嘉县人民医院救治，住院 10 余天。高甲治愈出院，伤势无碍，但高乙经司法鉴定被评定为 10 级伤残。高甲与高乙二人向陈某索赔各项损失共计 10 万元。陈某认为高甲与高乙二人的要求过高，双方争执不下，于 2014 年 8 月 26 日向永嘉县交通事故人民调解委员会驻上塘交警中队调解室申请调解。

【调解经过及结果】交警首先对事故责任进行了认定。根据现场勘查、当事人陈述、证人证言、鉴定结论等证据证实，陈某的行为违反了《中华人民共和国道路交通安全法实施条例》第五十二条第二项的规定，即：“机动车通过没有交通信号灯控制也没有交通警察指挥的交叉路口，除应当遵守第五十一条第二项、第三项的规定外，还应当遵守下列规定：没有交通标志、标线控制的，在进入路口前停车瞭望，让右方道路的来车先行。”因此，陈某应负事故的全部责任，高甲与乘员高乙不负事故责任。

依照该纠纷的实际情况和责任比例，人民调解员耐心向陈某讲明法律和责任，依法赔偿高甲与高乙的损失。陈某表示愿意承担赔偿责任。经过调解人员罗列赔偿条款后，陈某看后无异议，但高乙对伤残赔偿金的计算方法有异议，并认为缺少误工费。调解员解释，伤者构成伤残等级的，没超过 60 周岁的，将赔偿 20 年全额伤残赔偿金，但超过 60 周岁的，每增加一岁，相应的将减少一年赔偿金；而高乙已 68 周岁，所以只赔偿 12 年的伤残赔偿金，而且伤者超过 60 周岁，若没有相关证明，则是没有误工费赔偿的。后来在调解员耐心、细心劝导下，各方终于达成调解协议。经过计算，按照浙江省交通损害人身损害赔偿的有关标准，陈某应当承担高甲与高乙二人的损失共计4万多元。至此这个案件有了一个当事人各方都比较满意的结局。

在本案的调解工作中，关键点在于伤者超过60周岁，对其进行的赔偿该如何计算。一般认为交通事故中，一旦能构成伤残等级的，其相应的伤残赔偿金就一定有固定的全额赔偿，如果伤者还有经济收入，就该有误工费的赔偿。其实这是一个很普遍的认识误区，与按照浙江省交通损害人身损害赔偿的有关标准不符，因此，调解员对事故伤者进行了明确解释。

该起案件得以平稳处理，除了得益于人民调解员较高的法律水准、娴熟的调解技巧、丰富的调解经验之外，“四位一体”的工作机制功不可没。交警中队对于事故责任的认定，为纠纷的处理奠定了基调和基础。在有些案件中，如果确定的赔偿金额较大，调解员会建议当事人立即在设在一起的交通事故巡回法庭进行司法确认，使调解协议获得执行力，以保障其顺利履行。[①]

五、小结

总体上看，“四位一体”的工作机制充分考虑民意、服务于民，配套形成了集法律咨询援助、法医咨询鉴定、车辆检验鉴定、驾协便民服务于一体的人民调解独特运作模式。通过事故受理、案件办理、责任认定、人民调解、司法援助、法律诉讼、保险理赔等集中办公，形成“一条龙，一站式”交通事故处理服务模式，杜绝了当事人处理一起交通事故需要往返多个部门的现象，极大地方便了当事人，减轻了交警部门处理交通事故的压力，实现了服务零距离、流程零距离和多方共赢的良好社会效应。如果能够更进一步解决好衔接中存在的不足，温州市的“交调衔接”工作将得到提升而成为社会管理创新中的亮点。

---

① 郑拨：《因交通事故致残引发的纠纷》，载《司法行政简报》2014年第21期。

第三节　警调衔接的实践：以温州市瓯海区梧田派出所驻所人民调解室和宁波市江东区东柳派出所驻所人民调解室的实践为例

"警调衔接"机制是指公安派出所在现场处置或受理民间纠纷引起的案件后，经双方当事人同意，将非警务类（非处罚性，下同）民间纠纷以及适用治安调解、刑事和解案件的民事责任事项，移送、委托驻所人民调解工作室或者乡镇（街道）人民调解委员会或者其他人民调解组织先行调解，实现公安机关非警务类纠纷及特定治安、轻微刑事案件调解与人民调解有机衔接的一项工作机制。①

一、警调衔接概况

（一）警调衔接的模式

"警调衔接"机制采用"驻所制"和"移送制"两种模式。日均有效接处警在15起以上的公安派出所实行"驻所制"，不足15起的公安派出所可根据当地实际，实行"驻所制"或"移送制"。"驻所制"是指由乡镇（街道）人民调解委员会在公安派出所设立工作室，聘任并指派人民调解员驻所受理和调解符合"警调衔接"范围事项的工作机制。"移送制"是指由公安派出所将符合"警调衔接"范围的事项移送或委托乡镇（街道）人民调解委员会或者其他人民调解组织进行调解的工作机制。②

具体而言，对治安纠纷数量较大的乡镇（街道），由当地人民调

① 浙江省司法厅、浙江省公安厅印发：《浙江省"警调衔接"机制操作规程（试行）》（浙司〔2015〕25号）第二条。

② 浙江省司法厅、浙江省公安厅印发：《浙江省"警调衔接"机制操作规程（试行）》（浙司〔2015〕25号）第3条。

解委员会在公安派出所内设立人民调解工作室，聘任人民调解员开展调解工作。人民调解工作室名称为“××乡镇（街道）人民调解委员会驻××公安派出所工作室”（以下简称驻所人民调解工作室）。有条件的驻所人民调解工作室应当建立24小时响应制度。对治安纠纷数量较少的乡镇（街道），人民调解委员会和公安派出所应当建立纠纷相互移送的衔接机制。

在“警调衔接”模式下，有利于各乡镇（街道）人民调解委员会与公安派出所之间建立健全联动协助机制，村居（社区）等人民调解委员会与警务室之间加强相互协作，及时调解辖区内的民间纠纷和治安纠纷。

司法所、公安派出所将本地实行的“警调衔接”模式的情况，分别报送县（市、区）司法局、公安（分）局备案。设立驻所人民调解工作室的，由县（市、区）司法局及时通报同级人民法院。

（二）警调衔接的适用范围

“警调衔接”机制主要适用于以下情形：因民间纠纷引起，符合调解范围的治安案件中的民事责任事项处理；适用当事人和解的公诉案件中的民事责任事项处理；公安机关受理的其他民间纠纷；人民调解组织受理的应当由公安机关处理或需要公安机关协同调处的纠纷。

（三）警调衔接的工作流程

1.现场处置

公安派出所在接到各类因民间纠纷引发的警情时，可视情况邀请驻所人民调解工作室或村居（社区）人民调解委员会的人民调解员参与现场调解。

2.分流调处

对不能当场调解的治安案件和适用当事人和解的公诉案件中的民事责任事项，办案民警在依法做好案件调查取证后，经双方当事人同意，可以移交驻所人民调解工作室或者其他人民调解组织进行调解。对其他不构成违反治安管理的民间纠纷，公安派出所应当移送驻所人民调解工作室或者所在乡镇(街道)、村居(社区)人民调解委员会调处。

乡镇(街道)、村居(社区)等人民调解组织在受理调解纠纷过程中,发现应由公安机关处理的,应当及时引导当事人向公安机关提出。

3.通报与处理

对移送的民事责任事项的调解情况,人民调解委员会或驻所人民调解工作室应当及时通报公安派出所。经调解,双方当事人协商一致达成协议后,属刑事案件的,公安机关经审查认为和解系自愿、合法的,应当主持制作和解协议书;属治安案件的,在调解协议内容已履行,并经双方当事人书面申请、公安机关认可的,可不予治安管理处罚。①

二、"警调衔接"机制的意义

"警调衔接"是贯彻落实"枫桥经验"的具体实践的生动展示,有着重大的实践价值。

(一)警调衔接有利于压制和降低矛盾的剧增

当前我国正处于矛盾多元化,贫富之间差距增大、社会结构和经济体制深刻变革的转型期,因此,在医疗、住房、社会保险、就业、收入、社会治安等方面的矛盾愈发激烈化和多元化。警调衔接坚持预警在先、化解在早、处置在小的原则,及时依法处置矛盾,这样不仅可以大量减少矛盾的数量,也可以将矛盾及时化解,继而有利于压制矛盾剧增的态势。

(二)警调衔接有利于缓解警务人员稀缺带来的压力

由于我国特殊的国情,以及政治经济发展的不平衡,我国的警

---

① 《浙江省司法厅 浙江省公安厅关于进一步推进"警调衔接"机制建设的意见》(浙司〔2013〕127号)。在浙江省司法厅和公安厅于2015年3月3日联合发布的《浙江省"警调衔接"机制操作规程(试行)》中,第十六条到第二十二条集中对于"警调衔接"机制中调解程序的具体操作规程进行了规定。

力资源匮乏，特别是警力缺乏，警调衔接分流处理公安机关日常受理的量大面广的民间纠纷，可以全面减少警务人员从事警务活动的成本，有效释放警力，节约成本，提高警务资源的适用效率。

（三）警调衔接有利于促进警民关系的和谐

警调衔接顺应我国服务型政府的建设要求，发挥人民调解快速便捷灵活的优点，及时化解矛盾，平息纠纷，有效解决当事人讼累，有利于增加当事人对公安机关的认同和感激，有利于增加纠纷双方对公安机关的认同和感激，有利于增进警民关系的和谐。

（四）警调衔接有利于实现社会的公平正义

法谚“迟来的正义非正义”，警调衔接以便捷的程序、灵活的方式、简短的期限迅速化解纠纷，采用情、理、法，结合风俗习惯、人情道德等社会规范，在法律原则框架内解决纠纷，有利于彰显公理，实现正义。并杜绝因纠纷久拖不决，处理结果的不确定给当事人带来的种种负面影响，迅速修复业已破损的社会关系，增强正义实现的时效[①]

三、“警调衔接”机制的建设

浙江省司法厅和公安厅非常重视“警调衔接”机制的建设，通过发文的方式进行了相关工作的部署和安排。

（一）加强组织领导

各级司法行政、公安机关应当建立相应的领导小组或专门的工作班子，通过定期召开联席会议、工作例会等形式，认真研究落实各项工作，切实解决推进过程中遇到的新情况、新问题，确保工作取得实效。司法所、公安派出所要分别明确 1 名领导，共同负责人民调解委员会与派出所之间的工作协调、业务指导和日常管理等工作。

---

① 施俊镇：《警调衔接：“枫桥经验”的创新与发展》，《公安学刊（浙江警察学院学报）2014 年第 3 期，第 28—29 页。

(二)落实场所人员

设立驻所人民调解工作室的公安派出所,应当为调解工作提供必要的办公场所和工作条件。驻所人民调解工作室须配备若干专职和兼职人民调解员。县级司法行政、公安机关应会同乡镇(街道)认真做好驻所人民调解工作室调解员的选聘工作。人民调解员主要从本地退休的法官、检察官、司法行政干警、公安民警等政法机关干部,以及基层法律工作者、教师、协辅警等人员中聘请。人民调解员应当具备一定的法律、政策水平和文化水平,具有群众基础和较高威信,掌握人民调解技巧,热心人民调解工作,并经司法行政机关培训,考核合格领取人民调解员证书后上岗。

(三)强化保障考核

县级公安机关应当会同司法行政机关,按照《中华人民共和国人民调解法》和《财政部、司法部关于进一步加强人民调解经费保障工作的意见》等规定,乡镇(街道)和当地财政部门解决驻所人民调解工作室日常运行经费和人民调解员保障经费,并将其纳入年度财政预算。同时,建立健全相应的考核办法、表彰奖励和责任追究等管理制度。各市司法行政、公安机关应加强对"警调衔接"工作的指导,给予必要的支持和帮助。

(四)加强总结宣传

各级司法行政、公安机关通过认真总结推广"警调衔接"机制建设的经验和做法,积极树立先进典型,充分发挥典型引路和模范带动作用。充分运用各种形式和途径,广泛宣传推进"警调衔接"机制建设的重要意义,努力营造良好的工作氛围,不断推进"警调衔接"工作健康发展。①

---

① 《浙江省司法厅　浙江省公安厅关于进一步推进"警调衔接"机制建设的意见》(浙司〔2013〕127 号)。

四、浙江省"警调衔接"的典型实践

在浙江省开展的"警调衔接"的实践中，涌现出来很多以调解员的姓名来命名的品牌驻所调解工作室，从而成为相关实践的代表和典范。

(一)温州市瓯海区"警调衔接"的实践

1.瓯海区梧田派出所驻所人民调解室——"李海燕调解室"概况

自2010年以来，温州市以构建"大调解"体系为契机，司法行政、公安部门联合建立起人民调解与公安接处警协调联动、相互衔接、信息共通、共同化解矛盾的"警调衔接"人民调解工作机制。到目前为止，温州市已建立驻公安派出所人民调解组织81个，建立移送制人民调解组织75个，自推行该项机制以来，"警调衔接"人民调解组织共受理矛盾纠纷75156件，调解成功74333件；仅在2014年1月至9月就受理18486件，调解成功18342件，[①]有效地化解了诸多复杂的社会矛盾。

由于梧田派出所辖区地处城乡接合部，随着经济的发展，社会治安日益复杂，各类矛盾纠纷日益显现。其中，尤其以土地、邻里等纠纷突出。这类矛盾纠纷，涉及面广，报警量大，处置工作难度大。如不解决，往往会成为影响社会不稳定的诱因。所以，2010年，温州警方在瓯海公安分局梧田派出所试点的基础上推出"警调衔接"机制。自推行该机制以来，成功化解多起矛盾纠纷。其中，瓯海区梧田街道人民调解委员会驻梧田街道派出所的"李海燕工作室"是"警调衔接"机制中采取驻所制的代表。已如前述，驻所制下，公安与司法行政部门联合在派出所设立调解室，聘请调解员进驻派出所，派出所接到报警民警在现场处置或受理案件后，征得纠

---

① 浙江省公安厅、浙江省司法厅编:《警调衔接机制建设经验与案例》，2005年1月，第23页。

纷当事人同意，将非警务类纠纷、适用治安调解或刑事和解的案件分流到驻派出所调解工作室内，由统一招聘的专职调解员对纠纷进行调解，以提高解决纠纷的效率。李海燕调解工作室所开展的人民调解工作特别富有成效，成为相关实践中的典范。2011 年度，李海燕在驻梧田所警调室共受理办结各类案事件 560 多起，2012 年 1 月至 5 月，就已受理办结 200 多起，[①]2012 年全年，共接待纠纷 694 起，其中口头调解受理 220 起，一般纠纷 256 起，复杂疑难纠纷有 210 起，重大纠纷 8 起。[②] 李海燕有效化解了诸多民间纠纷，缓解了梧田派出所的压力。

2. 李海燕关于调解的“六心八法”

对于调解，李海燕总结出了“六心八法”：“六心”指的是接待群众要热心，开导劝说要耐心，调查情况要细心，碰到困难要信心，纠纷反复要恒心，处理问题要公心；“八法”指调查矛盾纠纷案件用隔离法、借力法、感化法、震慑法、换位法、暗示法、搭档法、释义法。这是因为，当事双方在发生纠纷后火气都很大，调解过程经常得隔离开来，一一击破；若遇上夫妻闹离婚，可以请双方家长一起做工作，这“借力法”将会事半功倍；此外，碰上一语不合而动手打架的，得给他算算这“打架成本”有多高，除考虑了自己，还得考虑父母或者孩子。这“六心八法”也经常被其他调解员所运用。[③]

值得一提的是，在调处过程中，李海燕始终坚持以“和”为先，“打”为辅。因为中华民族历来是一个重视“以和为贵”的民族，牢牢把握矛盾纠纷事态发展，尽量将事态化解在警调室里。但对于工作中发现某些已经触犯法律的违法犯罪分子，李海燕则会建议

---

① 《莫叹夕阳近黄昏　余晖犹映半边天——记梧田驻所专职调解员李海燕》(2012 年 5 月 30 日)，http://www.wzga.gov.cn/system/2012/05/30/011039717.shtml.(2015/10/19)

② 徐家琪：《调解员“话”解千千结——李海燕的“六心八法”》，《温州商报》2013 年 5 月 3 日，第 4 版。

③ 徐家琪：《调解员“话”解千千结——李海燕的“六心八法”》，《温州商报》2013 年 5 月 3 日，第 4 版。

公安机关及时查处，予以严肃打击。

3. 李海燕调解案例

案例一

【简要案情】2011年7月，位于瓯海区梧田街道月乐垟西路的缪家两兄弟发生打架事件，老三把老大的一根肋骨打断。案件被移交到李海燕调解室。

【调解经过及结果】当这个案件移交到警调室解决时，细心的李海燕发现这不是一件简单的兄弟间纠纷打架事件。原来，十二年前，缪家父亲去世之后，缪家三兄弟之间互相认为财产分配不均，时常发生争执、扭打。由于三个兄弟之间感情不和，只好把年迈的老母亲送到了敬老院里。十几年来，街道、派出所、村居对这仨兄弟之间的纠纷已经调解过不知多少次。每次调解之后，没过多久兄弟之间又会发生争执、打架，以至于缪家兄弟一发生争执、打架，村里邻居、亲戚均不愿意参与调解。随着年龄的增长，缪家兄弟的矛盾越来越激化，仇恨也越积越深，各晚辈之间形同陌路，互不相认。李海燕了解到这一情况后，决定要把缪家兄弟感情修复好，并让缪家母亲安度晚年。为此，李海燕一方面自备礼品冒着酷暑分别拜访缪家兄弟，阐明利害，做好做足感情功夫，使缪家兄弟重新认识同胞兄弟之谊；另一方面，李海燕专门动员村居干部及缪家娘舅、亲戚，做好外围造势，促使缪家兄弟重新修好。经过李海燕近五个月的持续努力工作，2011年12月9日，缪家兄弟终于在警调室达成和解协议，缪家三兄弟表示兄弟血浓于水，要永远团结，和睦相处。同时，缪家三兄弟又前往敬老院将缪母接回，按期轮流赡养，共享天伦之乐。至此，一桩纠缠了十几年的兄弟恩怨终于如愿化解。①

---

① 《莫叹夕阳近黄昏　余晖犹映半边天——记梧田驻所专职调解员李海燕》，2012年5月30日，http://www.wzga.gov.cn/system/2012/05/30/011039717.shtml.（2015/10/19）

案例二

这也是李海燕所调处的一个广为人知的案例。

【简要案情】2012 年 2 月 10 日，梧田所林村一鞋料公司内发生一起员工非正常死亡事件。经查，该员工系自身疾病原因猝死，厂方无责。但死者家属以死者系该厂员工为由，向厂方提出巨额赔偿要求，经梧田司法所、村居协商，一时无法达成一致意见。2012 年 2 月 16 日，死者家属召集三十多名家属及老乡在温州大道同温瑞大道路口，以拉白色横幅形式阻扰过往车辆通行，致使该路段交通拥堵严重。

【调解经过及结果】为尽快解决该起事件，李海燕主动放弃休息，将死者家属带至警调室进行调解。当晚，李海燕一方面向家属讲明法律，使他们认识到过激行为将会导致严重后果。另一方面，情理并重，在了解死者家属的实际困难之后，又积极协调厂方，从人道主义出发给予补偿，最终顺利达成协议。①

案例三

【简要案情】在 2012 年 4 月，民警向李海燕移交了一起因车资而引发的纠纷。男乘客捂着左臂大声喊疼，而一旁的中年司机则满脸沮丧。她询问之后得知，乘客戴某与朋友从义乌连夜打车赶往温州。戴某的朋友留了 200 元给司机李师傅，说去取还剩下的车钱。可左等右等不见朋友回来，戴某准备开溜，司机不肯，双方扭打在一起。

【调解经过及结果】该案双方当事人到了派出所后，戴某说自己左臂骨折，要司机赔 1 万元。本身有些结巴的李师傅表达困难，当场就哭了。而此时，嚷着疼的戴某却挥着“骨折”的左臂。李海

① 《莫叹夕阳近黄昏　余晖犹映半边天——记梧田驻所专职调解员李海燕》，2012 年 5 月 30 日，http://www.wzga.gov.cn/system/2012/05/30/011039717.shtml.(2015/10/19)

燕拉开两人，拿来纸笔叫司机写出经过，他表示揌住戴某是因为对方想开溜。而另一边，戴某见事情被拆穿，又听李海燕说这样涉嫌欺诈，应被拘留，他才表示愿意支付剩余车费，通知家人将钱汇来。李师傅拿到车费后，感动得哭了。①

(二)宁波江东区“警调衔接”的实践

1. 东柳派出所驻所人民调解室——“老潘联调工作室”概况

近年来，宁波市公安局江东区分局把“警调衔接”工作作为加强和改进派出所工作的一项重要内容，在全区范围内推广，提升了基层公安机关化解矛盾纠纷的能力，取得了较好成效。

江东分局始终盯牢“一个目标”，准确把握“警调衔接”工作建设方向。该局始终围绕“促进基层矛盾化解、保障社会和谐稳定”这一总体目标，主动融入“三级联动、多元衔接”的江东区社会矛盾动态排查调处体系建设，密切与司法、信访、劳动等行政部门的协调配合，积极履行工作职责，主动延伸服务职能，重点在街道和社区两个层面形成公安行政调解、司法调解、人民调解良性互动的整体格局，有力推动了“警调衔接”工作的规范有序发展。

江东区警调衔接的实践是以建立“警民联调中心”来开展的。在这个过程中，通过积极打造“品牌”，不断创新“警调衔接”工作运行模式。2012 年 2 月，以调解能手潘明杰命名的“东柳街道老潘联调工作室”正式入驻东柳派出所。潘明杰是宁波市公安局警风监督员、“江东区十佳调解能手”、江东区“老娘舅协会”副会长。自 2010 年正式担任人民调解员以来，累计成功调解矛盾 500 余起，仅在“东柳街道老潘联调工作室”成立两年多来，他共调处各类矛盾纠纷 300 余起，最高调解标的 5600 万元，取得了零投诉、零反弹、调

---

① 徐家琪：《调解员“话”解千千结——李海燕的“六心八法”》，《温州商报》2013 年 5 月 3 日，第 4 版。

解成功率100%的骄人成绩,[1]尤其是在化解全区范围重大、复杂、突发性矛盾纠纷中发挥了突出作用。

2.潘明杰的“快乐调解法”

在长期实践中,潘明杰坚持用心、用情、用智来进行调解,寓真情、快乐和服务于调解过程中,既化矛盾、解问题,又教育人、感染人,增进了社会“正能量”,成为发挥群众主体作用化解矛盾纠纷的生动典型。

在多年的调解实践中,潘明杰经过摸索逐渐形成了一套内涵丰富的“三三五潘明杰快乐调解法”,即调解人员要具备“三颗心”——诚心、耐心、信心;要秉承“三个原则”——给当事人以希望,做公平公正的学问,敢于向困难挑战;要具备“五种能力”——取信于人的能力、讲得清法律的能力、讲得清利害关系的能力、心理掌控能力、语言能力。在调解过程中,潘明杰的“快乐调解法”主要体现为以下一些方面:

第一,一张微笑的脸,传递信任的力量。矛盾当事人与调解员之间的彼此信任、顺畅沟通是调解工作有效开展的基本前提。潘明杰秉持“微笑是信任之门的钥匙”这一理念,坚持用笑脸拉近与当事人的心灵距离,用善意搭建顺畅有效的沟通桥梁。为此他还积极自学维吾尔语、藏语等少数民族语言,认真研究少数民族的风俗习惯,并经常带着微笑、提着水果到少数民族同胞租住房中进行走访慰问,帮助解决实际困难,充当他们和汉族同胞之间交流沟通的“翻译官”,被维吾尔族、藏族同胞亲切地称为“干爸爸”“干叔叔”。2012年9月,某藏族同胞因其父亲经医治后病情未见明显好转,而与医院发生纠纷,其家族成员多人赶至宁波,事态异常紧张。潘明杰主动介入,发挥他熟悉民族情况,被少数民族同胞信任的优势,积极牵线搭桥、劝导解释,并努力配合卫生部门、属地街道做好

---

① 江东区法制办:《江东区“一二三四”举措提升“警调对接”能力》,2014年6月23日,http://www.nbfz.gov.cn/12class/dtxx.jsp?aid=33544.(2015/9/26)

沟通、救助等工作，最终得到了该藏族同胞及其家族的认可，将一起涉及民族因素的不稳定事件化解在萌芽状态。截至目前，潘明杰参与化解涉及少数民族的矛盾纠纷达 30 余起，受到辖区各族群众的广泛好评。

第二，一双敏锐的眼，捕捉解题的契机。一些矛盾往往千头万绪，过程和当事人相互关系比较复杂，是非曲直难以判断。潘明杰在多年的调解中练就了一双“福尔摩斯”眼，善于把握矛盾重点，找准问题焦点，有的放矢、循序渐进地解析症结，帮助当事人从不切实际的诉求与情感中解脱出来，卸下思想包袱，客观面对现实。江东区辖区某学校女生在参加校田径队训练时猝死，家长情绪极为激动，采取在校门口拉横幅、放花圈等过激行为，严重干扰了正常教学秩序。潘明杰受区教育局与属地街道的委托介入调解，经过快速分析研判，他认定问题的核心在于亲属沉浸在悲痛情绪中不能自拔，进而提出过高的赔偿要求。于是，他只身上门，一方面耐心倾听、善言劝慰，使亲属平复过激情绪，另一方面站在亲属的立场上客观剖析，理顺脉络，引导亲属接受事实。同时，配合街道为亲属争取了 2 万元抚慰金，并帮助其解决实际困难，终于取得了亲属的谅解。

第三，一颗真诚的心，融化隔阂的坚冰。一些久拖不决的矛盾之所以难解，除了利益纠葛外，很大程度上是因为双方当事人意气用事，互不相让。潘明杰不说大道理，不评论是非，而是用不顾劳累、不计得失的实际行动和真情付出来感动当事人，使其转变态度，做到“退一步海阔天空”。如园丁社区某法官和某律师是邻居，因空调外机摆放位置引发矛盾，持续 5 年未解，并有愈演愈烈之势，有一次律师家属甚至把粪便泼在了法官家的门窗上。事件发生后，潘明杰第一件事就是拎着水桶从物业中心打水，到法官家所在的 6 楼来回跑了十几趟，不顾恶臭将门窗清洗干净。这番举动使双方感到惭愧和内疚，待到调解时态度明显缓和，潘明杰顺势劝说，双方最终握手言和，这起“积案”得以化解。类似情形，潘明杰参与化解了 10 余起，使近 30 名当事人从“冤家”变成了“朋友”。

第四，一张幽默的嘴，营造轻松的氛围。矛盾发生的现场氛围往往比较紧张、压抑，双方当事人对立情绪严重，不利于调解工作开展。潘明杰认为，幽默是提高调解效率的助推器，语言的“曲线”往往比“直线”更有魅力。他善于运用诙谐幽默的语言，平复双方情绪，缓和现场气氛。使当事人乐于配合调解。首先是用幽默打开局面。进入矛盾现场后，潘明杰敢于调侃，用出其不意的语言制造“惊喜”。如对于一些家庭矛盾，潘明杰单刀直入：“男方是‘副厅级’干部，要包容女方这个‘处级’干部”，这些语言既有“笑”果，又让夫妻紧张关系得到缓解。其次是用幽默促使当事人反思。面对一些复杂、激烈的矛盾局面，潘明杰敢于另辟蹊径，逆向思维，适时使用“换位思考”的幽默、“冷幽默”和“黑色幽默”，达到促使当事人冷静思考，认识到自身错误的效果。最后是用幽默消除心结，提高调解实效。潘明杰认为，“口服心不服”不算化解矛盾，只有消除了双方的心结，矛盾才算彻底解决。他一方面在调解中保持积极乐观、豁达大气的态度，用自身气度感染当事人；另一方面在调解结束后，以机智、诙谐的语言“撮合”当事人，实现“案结事了、心平气和”。如某小区两位居民因停车问题发生肢体冲突，潘明杰调解成功后，笑着说：“所谓‘不打不相识’，你们也算是有缘分，今晚我请大家喝老酒，要不是你们打这一架，我还交不到你们两个朋友呢！”当事人被他的话逗乐了，心底的芥蒂烟消云散。

第五，一双温暖的手，扶起生活的希望。在一些劳资、债务等重大矛盾纠纷调处过程中，当事人生活比较困难，即使问题得以解决，也可能出现反弹，甚至引发新的矛盾。潘明杰坚持“立足人民调解，高于人民调解”的理念，给困难当事人以关爱和帮扶，帮助当事人生活走上正轨，从源头上杜绝反复。如辖区某建筑工程公司一对父子因公事与工友发生冲突，不慎致对方死亡，父子均判了重刑，家属范某向公司追讨赔偿未果，生活陷入绝境，甚至意图在公司跳楼。潘明杰第一时间赶到，安抚劝慰，极力打消其轻生念头。之后，他积极与公司沟通对接，帮助范某争取到补助金 4 万元，结清工资 1.2 万元，化解了范某与公司之间的冲突。但老潘并没有就此结案，为了彻底解决问题，他四处奔走，为范某及其儿媳找到了稳定的工作，帮助他们渡过难关，还定期到范某家中走访，鼓励范某乐观积极地生活。范某感动地说："多亏老潘一直热心帮忙，最难过的一段时间已经挨过去了，我们不会再给政府添麻烦了。"

第六，一对麻利的腿，跑出群众的期盼。一些重大矛盾纠纷涉及面广、具体情况复杂、群众诉求强烈，化解难度较大。潘明杰充分发挥自己"老娘舅"身份的独特作用和自身既懂法律、懂管理，又熟悉基层群众心理和语言的优势，主动参与、积极配合有关部门开展调解，坚持把维护群众合法权益摆在首位，在保障群众权益的过程中化解矛盾纠纷。如东柳街道某重大工程项目建设引发周边小区居民不满，甚至表示要集体上访。潘明杰 10 余次陪同群众到相关职能部门咨询政策法规，帮助个别患病居民联系专家就诊，同时与街道、社区干部一道，帮助居民清理建筑垃圾和卫生死角，共清运垃圾 10 余吨，美化了小区环境，受到群众好评。此外，他还乐于做居民和有关部门、开发商之间的"润滑剂"，一方面向有关部门转达群众意见，要求开发商文明施工，确保群众生活环境不受影响，另一方面向群众详细解释工程建设的基本情况和有关部门采取的工作举措，努力缓解群众情绪，争取群众的理解和支持，保证了项目在不侵害群众基本权益并得到谅解的基础上顺利推进。①

在江东区的警调衔接实践中，人民调解工作的开展基于潘明杰这样一批优秀的调解员，大大缓解了基层派出所的压力。目前，江东区 7 个街道、8 个派出所和 63 个社区警务室已全部建立了人民调解工作室和社区邻里纠纷调解室，各街道、司法行政机关共向二级调解室派驻了 15 名专职人民调解员和 102 名兼职人民调解员，调解员队伍的建立对于快速化解基层民事纠纷、有效减少"民转刑"案件和涉法涉诉信访案件。警调衔接的开展对于构建和谐

---

① 以上介绍均引自宁波市司法局：《潘明杰快乐调解法》，2015 年 5 月 22 日，http://nb.ifeng.com/qtwz/detail_2015_05/22/3923979_0.shtml.（2015/9/26）

法治社会起到了不容忽视的作用。

3.江东区“警调衔接”实践的深化:建立长效机制

和谐稳定是经济社会发展的基础,法治的目标就是“通过民主科学的法律创制,良好的执法环境与司法系统,以及多元化的社会治理和纠纷解决机制不断适应社会需求,保持社会的协调发展”。江东区公安分局在现有成绩的基础上继续坚持“枫桥经验”的精神和基本原则,继续不断从以下几方面完善“警调衔接”机制:

第一,建立完善人民调解协议的司法保障制度。该局在推进“警调衔接”机制建设中全面实施司法引导和保障作用,依法维护人民调解组织在“警调衔接”工作中的权威性和公信力。在日常纠纷流转、证据采信、现场调解等环节,充分保障人民调解协议效力原则。

第二,建立完善协助调解和委托调解制度。对于事实清楚、争议不大的民间纠纷,在立案前积极引导,充分阐明人民调解的主张。对当事人坚持要求公安机关立案,但适合人民调解方式解决的纠纷,在征得当事人同意的前提下,在实施处罚前和处罚后继续邀请人民调解员参与调解或委托进行调解。

第三,建立完善律师驻所和法律援助制度。全面引入律师驻派出所调解工作室和现场法律援助制度。由区司法局协调全区8个律师事务所,选派19名政治素质过硬、法律经验丰富的律师担任兼职调解员,确定每周一、三、五上午为日常驻所工作时间,参与重大疑难矛盾纠纷的调解援助,并在工作室内开展涉法答疑、现场咨询、案例讨论、文书讲评等活动。

第四,建立完善调解员日常培训制度。目前全区各街道聘请的驻所工作室专职调解员全部由经验丰富的政法系统离退休人员、曾担任过街道社区或物业负责人的人员组成,在正式上岗前均通过司法局人民调解员培训考核,确保100%持证上岗。同时该局还积极取得区法院的支持,由法院选派业务能力突出、工作经验丰富的法官,每季度对兼职调解员开展法律知识讲座,组织调解员参加庭审观摩，提高调解员依法履职的实践能力。[①]

4. 小结

推进"警调衔接"机制建设是坚持和发展"枫桥经验"、加强社会管理创新的重要内容，是贯彻落实党的十八大关于"完善人民调解、行政调解、司法调解联动的工作体系"的具体举措，对于新形势下及时有效化解矛盾纠纷、促进社会和谐稳定具有十分重要的意义。深化"警调衔接"工作，加强社区人民调解组织与公安派出所的工作衔接，是认真贯彻落实科学发展观，新时期推进社会治安管理创新，构建社会矛盾化解大格局，促进基层和谐社会建设的客观需要；是公安机关缓解工作压力，解放基层警力，构建和谐警民关系，推动社会治安新秩序建设的重大举措，对于快速化解基层民事纠纷、有效减少"民转刑"案件和涉法涉诉信访案件具有十分重要的意义。

第四节　行政仲裁与人民调解的对接实践：以温州市劳动人事争议人民调解机制为例

随着劳动人事制度改革的深化和劳动者维权意识的增强，劳动人事争议案件不断增多。为充分发挥人民调解在处理劳动人事争议过程中的重要作用，2012 年 1 月，浙江省第一家劳动人事争议人民调解委员会在温州市人力资源和社会保障局挂牌成立，首创以人民调解参与劳动人事争议调解新模式，整合社会调解资源，形

① 引自江东区法制办：《江东区"一二三四"举措提升"警调对接"能力》，2014 年 6 月 23 日，http://www.nbfz.gov.cn/12class/dtxx.jsp? aid＝33544.（2015/9/26）

成维权、调解、仲裁、诉讼相互沟通、相互配合的工作机制和工作合力。①

此举标志着行政仲裁与人民调解成功实现了对接，为建立多元化的矛盾纠纷化解机制迈出了创新步伐。尝试推动人民调解与行政仲裁的衔接互动，完善多元化社会纠纷解决机制，努力实现人民调解与行政仲裁工作的双赢。将人民调解工作纳入劳动人事争议领域，也是温州市构建“大调解”工作体系的一项创新性工作，发挥了人民调解及时、灵活、经济、快捷的独特优势，完善了矛盾纠纷排查调处各项工作机制，促进了劳动人事争议当事人双方互谅互让、减少对抗，降低了当事人诉累，有效防止了矛盾激化和事态扩大。

一、温州市建立劳动人事争议人民调解机制的背景

随着《中华人民共和国劳动合同法》等一系列法律、法规的相继实施，自2008年开始，劳动人事争议案件急剧上升且持续高位运行。劳动人事争议案件的处理难度不断加大，案多人少的矛盾日益突出。以温州市本级为例，2007年劳动人事争议案件数282件，2008年为712件，2009年为666件，2010年697件，2011年为727件，2012年1月至10月份案件数已达到756件。而市本级劳动人事争议仲裁委员会目前实际办案人员只有4人，劳动人事争议的案件数量与劳动人事争议仲裁工作人员的配备极不对称，仲裁工作人员的日常工作处于超负荷运转状态。

为了有效地破解这一难题，缓解案多人少的矛盾，浙江省各地都积极地尝试创新调解仲裁工作机制，如宁波市北仑区采取的是劳动人事争议案件的联合调解机制，即政府全面整合行政调解、人民调解、仲裁调解、司法调解和工会调解等各方面的调解资源，成

---

①　温州市人力资源和社会保障局：《市人民调解助推劳动人事争议工作》，2012年8月7日，http://www.wz12333.com/content.aspx?id=3901(2015/9/23)

立劳动人事争议联合调解中心，并取得了良好的成效。温州市则通过内部挖掘潜力的方式，在前几年着重建立健全和完善仲裁网络建设、充分发挥基层调解组织的职能并取得明显成效的基础上，不断创新办案方式，通过建立庭前调解制度、分案制、周末仲裁制度等方式，虽然一定程度上缓解了案多人少的矛盾，但仍然无法从根本上解决。

2011 年初，温州市本级劳动人事争议人民调解委员会尝试着把人民调解机制引入到劳动人事争议案件的处理程序中。会同市综治办、市司法局、市总工会进行劳动人事争议人民调解机制的前期调查、研究、论证。在这个过程中达成了共识，即劳动人事争议处理机构案多人少，办案力量不足的矛盾日益突出，大量劳动人事争议难以在第一时间得到处置和化解，如果这些矛盾不能及时调处，必将严重影响企业正常生产秩序、经济发展和社会稳定。因此，创新调解机制，建立劳动人事争议的人民调解机制，是保障劳动者合法权益、促进劳动人事关系和谐稳定和经济发展的重要手段。温州市应当从深入贯彻落实科学发展观、构建社会主义和谐社会的高度，深化对新形势下，推进劳动人事争议人民调解化解劳动人事争议工作重要性和必要性的认识，进一步加强法制意识、政治意识、大局意识、忧患意识和责任意识。发扬主动性、自觉性，解放思想、创新机制、落实措施，积极化解劳动人事争议。因此，加大劳动人事争议调解工作力度，创新劳动人事争议调解机制已势在必行。

经过大半年的调查、研究、论证，2011 年 11 月 11 日，市委、市政府温委办发〔2011〕158 号文件转发了《市综治办等部门关于推行劳动人事争议人民调解工作的实施意见》，明确了劳动人事争议人民调解机制的目标任务、组织机构、主要职责、运行方式和工作保障。2012 年 1 月，劳动人事争议人民调解委员会在温州市人力资源和社会保障局挂牌成立，首创以人民调解参与劳动人事争议调解新模式，温州市本级劳动人事争议人民调解委员会起草了《关于推行劳动人事争议人民调解工作的实施意见》。①

二、温州市劳动人事争议人民调解机制的运行模式

温州市建立劳动人事争议人民调解机制的总体思路是:预防为主、基层为主、调解为主。在市本级和各县(市、区)劳动人事争议仲裁委员会全面设立劳动人事争议人民调解组织,形成快速、灵活、高效、经济的劳动人事争议预防、预警和化解机制,努力维护和谐稳定的劳动人事关系。归纳起来,温州市实行的是"八统一"运行模式。

(一)统一组织机构名称即劳动人事争议人民调解委员会

市委、市政府温委办发〔2011〕158号文件明确规定,设在市本级和各县(市、区)劳动人事争议仲裁委员会的人民调解组织,名称统一为"××市、××县(市、区)劳动人事争议人民调解委员会",乡镇(街道)劳动人事争议人民调解组织,名称统一为"××县(市、区)××乡镇(街道)劳动人事争议人民调解委员会"。市本级和各县(市、区)劳动人事争议人民调解委员会统一由当地司法行政机关、人力资源和社会保障行政机关和总工会统一共同设立。

(二)统一办公场地

市、县(市、区)两级劳动人事争议人民调解委员会所需的办公场地统一由人力资源和社会保障部门负责落实,和市、县(市、区)劳动人事争议仲裁委员会合署办公,便于当事人维权,有利于案件的调解。以市本级为例,温州市劳动人事争议仲裁委员会、温州市劳动人事争议仲裁院、温州市劳动人事争议人民调解委员会合署办公,公办用房和办案场所达700余平方米,配有专门的办公室、调解室、接待室、谈话室、档案室等。

---

① 温州市劳动人事争议人民调解委员会2012年11月13日工作汇报:《构建调解机制,提升仲裁效能》。

(三)统一人员招聘和管理

市本级劳动人事争议人民调解委员会聘用专职人民调解员6名,各县(市、区)劳动人事争议人民调解委员会聘用专职人民调解员2—6名。劳动人事争议专职人民调解员,由当地司法行政机关、人力资源和社会保障部门会同工会组织统一向社会公开招聘。专职人民调解员应当具有较高的思想道德水平,公道正派,热心人民调解工作,密切联系群众,并有一定的法律知识和政策水平。市本级招聘的6名专职调解员,有4名具有法律专业背景。招聘的专职人民调解员,统一由当地司法行政机关、人力资源和社会保障部门、工会组织共同管理。

(四)统一经费来源

市、县(市、区)两级司法行政机关、人力资源和社会保障部门、工会组织共同商请同级财政部门,按照财政部、司法部《关于进一步加强人民调解工作经费保障的意见》要求,保障劳动人事争议人民调解工作的办公经费及专职人民调解员的报酬等其他各项经费,工作经费由同级司法行政机关负责管理。市本级2012年度劳动人事争议人民调解委员会的经费为35万元。

(五)统一案件受理范围

劳动人事争议人民调解委员会的案件受理范围和劳动人事争议仲裁委员会的案件受理范围一致,即:(1)企业、个体经济组织、民办非企业单位等组织与劳动者之间,以及机关、事业单位、社会团体与其建立劳动关系的劳动者之间,因确认劳动关系,订立、履行、变更、解除和终止劳动合同,工作时间、休息休假、社会保险、福利、培训以及劳动保护,劳动报酬、工伤医疗费、经济补偿或者赔偿金等发生的争议;(2)实施公务员法的机关与聘任制公务员之间、参照公务员法管理的机关(单位)与聘任工作人员之间因履行聘任合同发生的争议;(3)事业单位与工作人员之间因除名、辞退、辞职、离职等解除人事关系以及履行聘用合同发生的争议;(4)社会团体与工作人员之间因除名、辞退、辞职、离职等解除人事关系以及履行聘用合同发生的争议;(5)军队文职人员聘用单位与文职人员之间因履行聘用合同发生的争议;(6)法律、法规规定由仲裁委员会处理的其他争议。

(六)统一办案流程

(1)劳动人事争议案件当事人可以向人民调解组织申请调解,人民调解组织也可以主动介入调解,劳动人事争议当事人一方明确拒绝调解的,不得调解。(2)人民调解组织主动介入调解的劳动人事争议或受到当事人调解申请,以及仲裁委委托调解的劳动人事争议案件,应审查证据材料。双方当事人主体适合,申请事项属于劳动人事争议人民调解范围的,应当于同日受理,并指派人民调解员开展调解工作。人民调解员调解劳动人事争议,应在双方当事人平等自愿的基础上依法调解。(3)人民调解组织在受理案件后,应当在5个工作日内安排调解,应当提前2个工作日告知当事人调解时间及地点,调解过程应当制作调解笔录。劳动人事争议人民调解组织调解劳动人事争议案件的时限为15个工作日,15个工作日未达成调解协议的,人民调解组织应当终止调解。(4)经劳动人事争议人民调解组织调解达成协议的,人民调解组织应当及时制作人民调解协议书,由双方当事人签名、盖章,人民调解员签章并加盖劳动人事争议人民调解委员会公章,送达之日起生效。双方当事人应当严格履行调解协议,人民调解组织对人民调解协议内容的履行情况进行监督。(5)人民调解组织调解劳动人事争议案件不收费。

(七)统一调裁衔接

(1)劳动人事争议案件由仲裁委受理后,案件当事人愿意接受人民调解的,仲裁委可以委托人民调解组织进行调解。仲裁委向人民调解组织委托调解的劳动人事争议案件,应当同时移交案卷材料。(2)劳动人事争议当事人申请人民调解或人民调解组织主动介入调解的劳动人事争议案件,如调解不成,人民调解组织应当告知当事人拥有仲裁、诉讼的权利。由仲裁委委托劳动人事争议人民调解组织调解的案件，达成调解协议的，人民调解组织应在调解结束后3个工作日内将调解结果报送仲裁委；未达成调解协议或终止调解的，人民调解组织应当立即将案卷材料移送仲裁委。(3)劳动人事争议案件经人民调解组织调解达成调解协议后，双方当事人认为有必要的，可以自调解协议书生效之日起三十日内共同向仲裁委申请确认，经仲裁委审查确认后，可置换仲裁调解书。(4)经人民调解组织调解达成调解协议后，双方当事人认为有必要的，可以自调解协议生效之日起三十日内共同向人民法院申请司法确认；经人民调解组织达成调解协议后，当事人就调解协议的履行或者调解协议的内容发生争议的，一方当事人可以向人民法院提起诉讼。

(八)统一案卷装订管理

劳动人事争议人民调解委员会调解的劳动人事争议案件，在调解结案后30天内，按规定统一装订案卷，统一归档备查。市本级劳动人事争议人民调解委员会调解的案件，已全部按规定装订归档。①

三、典型案例②

案例一

【简要案情】温州市某环保设备有限公司于2014年2月6日聘

① 温州市劳动人事争议人民调解委员会2012年11月13日工作汇报：《构建调解机制，提升仲裁效能》。

② 温州市司法局为规范温州市人民调解工作，充分发挥人民调解案例指导作用，正确适用法律，统一调解标准，促进人民调解工作的合情、合理、合法，依据《人民调解法》的精神，结合温州市人民调解工作的实际，就开展温州市人民调解优秀案例指导工作制定了温州市人民调解优秀案例发布制度，定期发布人民调解优秀案例。且报送优秀案例的体例由标题、纠纷情况、法律适用及结果、矛盾纠纷评析、案例编写人等5个部分组成。本书在选取相关案例的时候，是以全书统一的格式呈现，故并未完全按前述的五个部分进行引述，特此说明。

请杨某从事企业管理工作并代理临时性的财务收支工作，口头协议月工资为10,000元。据纠纷当事人杨某叙述，自2014年2月6日至2014年12月底公司一直未发工资。温州市某环保设备有限公司负责人则说，杨某经手的财务收支尚未结算清楚并且账目有疑点。2015年1月10日，杨某组织一群人拉横幅，并拥堵在温州市某环保设备有限公司门口吵闹甚至有引发肢体冲突的趋势，严重影响厂方正常经营活动，现场一片混乱。

【调解经过及结果】派出所了解案情以后就将该纠纷移交到永中街道调解委员会处理该纠纷。由于纠纷过于复杂，永中街道人民调解委员会会同永中街道劳动保障所召集双方进行调解。1月12日下午，调解正式进入第一阶段。首先，纠纷双方当事人对协议的形式和协议的内容是无异议的，双方并没有签订书面劳动合同，仅是口头协议，协议内容是温州市某环保设备有限公司聘请杨某做管理工作并代理临时性的财务收支工作，月工资1万元。其争议的焦点在于上班的时间节点问题。当事人杨某自诉2014年2月—12月底一直在公司上班，其间还有三个月都在公司加班，且自认为加班费为五千元一个月。而温州市某环保设备有限公司负责人却表示2014年9月公司已经口头通知杨某不用来公司上班，并且不认同其加班时间有三个月之久。而此时的杨某却又提供一份与公司说法相反的证据，即11月份因公出差的单据，说明温州市某环保设备有限公司即使已口头通知但是并没有真正地解除事实劳动关系，在这个方面公司没有其他可以提供的证据证明辞退杨某的时间。其次，双方争议的另一个问题是杨某经手的账目是否存在不清的问题，给了公司不按时支付工资一个正当的理由。双方争执不下，协商约定次日带账本等相关材料再继续调解。

次日下午，本调委会再次组织双方进行调解。此时公司还有一名会计人员共同参与调解。在调解过程中，公司出示了杨某经手过的有关账本。杨某经手的174万严重的收支不平衡，收入才130万元，公司需要杨某做出合理解释。杨某自诉缺失的44万元原是自己垫付的，然后收入的44万便直接打入自己账户，因此才会出现收支不平，这个说法得到了公司的认可。最终，根据《劳动合同法》的相关规定，双方达成一致协议，温州市某环保设备有限公司支付杨某工资共计 12 万元。该起因拖欠劳资引发的纠纷得到圆满解决。

这个纠纷涉及金额较大，影响面大，永中街道人民调解委员会、公安派出所、永中街道劳动保障等部门共同参与调解，多方合力，才得以调解成功。对于类似纠纷派出所民警都是比较为难的，面对被拖欠工资当事人无理取闹的举动只能劝解不能实行强制的措施。因此，人民调解员的耐心劝说、分清是非起到了很大的作用。多部门联合化解，不但让资源得到整合，纠纷得以化解，更是避免了“民转刑”案件的发生，更为社会提供了可以讲理、诉苦的知心人，拉近了与群众的距离，得到社会群众的广泛认可。①

案例二

【简要案情】2012 年 10 月 15 日，贵州籍肖某在洞头县海涂围垦工程环岛西片围垦工程项目部管理房做外墙涂料粉刷工作中因保险带磨断，从高处坠落造成跟骨骨折，伤残等级鉴定为九级。肖某受雇于贵州籍彭某从事外墙涂料粉刷工作，事故发生后，彭某惧怕承担赔偿责任，独自离开洞头，至今下落不明。事发当日肖某被送往洞头医院立即实施手术，术后一个月因又左足跟部外侧皮肤坏死，转院到温州医学院附属第二医院进行第二次手术，两次住院期间共花医药费 8 万余元，暂时由第二承包方叶某支付 6 万元。之后肖某与业主环岛西片围垦工程项目部因为赔偿事宜协商多次不下，北岙街道人民调解委员会介入矛盾纠纷处理。

【调解经过及结果】在调解过程前，环岛西片围垦工程项目部及层层承包方都认为肖某意外伤害与自己无关，调解员耐心解释并建议他们向律师咨询，让他们认识到自己的连带责任，同时认为

---

① 赵朱密:《因劳资拖欠引发的纠纷》，载温州司法局编:《司法行政简报》2015 年第 9 期。

伤者明知保险带出现问题未提出更换应当承担部分责任。调解过程中,伤者家属提出30万元的赔偿要求,双方诉求差距非常大,调解陷入僵局。调委会从情、理、法多角度展开思想攻势,经过多次调解,4月26日双方终于达成协议:由环岛西片围垦工程项目部及层层承包方一次性赔偿肖某伤残赔偿金、医疗费、误工费、护理费、交通费、共计人民币十八万四千元整(184,000元),协议规定环岛西片围垦工程项目部和其他承包方有权追偿彭某承担应支付赔偿份额。

本案涉及《合同法》第二百五十一条以及《最高院关于审理人身损害赔偿案件适用法律若干问题的解释》第十条、《最高院关于审理人身损害赔偿案件适用法律若干问题的解释》第十一条、第十七条的相关规定。

本次调解的是一起由雇佣关系引发的赔偿案件,该起案件得以平稳处理,得益于调解员较高的法律水准、娴熟的调解经验、丰富的基层经验。探究此次调解能快速得到调处的原因,除了调解员能巧用调解技巧外,还在于抓住了矛盾纠纷的关键点,更深层次的原因在于矛盾双方对自身的权利与义务有了清醒认识。①

案例三

【简要案情】陈某于2011年12月21日与文成县甲公司签订劳务派遣人员劳动合同书,并于2012年1月1日被派遣到文成县乙单位工作,一直工作至今。但直到2013年5月1日经陈某多次协商甲公司才为陈某办理养老保险、医疗保险、工伤保险、失业保险及生育保险(以下统称为五险),而对2012年1月1日至2013年4月30日的部分保险费却不予承认,而陈某应承担五险缴费份额却已由用人单位在以往的工资中代扣。现陈某要求文成县甲公司按法律规定比例补缴自己的五险保费,并依法继续缴纳。经多次协

① 金建平:《因工伤事故引发的纠纷》,载温州司法局编:《司法行政简报》2013年第34期。

商甲公司认为应该由用人单位承担，陈某无奈只好一纸诉状将甲公司诉至文成县人民法院，经文成县法院立案庭导引至文成县民商事纠纷人民调解委员会进行调解。

【调解经过及结果】在调解过程中，调委会通过取证获得甲公司历年的工资册，以及派遣劳务合同证实陈某确实系该甲公司劳务派遣人员，并且双方签订劳务派遣合同约定由甲公司承担各类法定保险费用并代为缴纳至社会保险机构。

清楚事实经过后，调委会就根据我国《劳动法》第七十二条和《劳动合同法》的相关规定，向甲公司负责人详细解释，劳务派遣公司和用人单位不应该找各种理由相互推脱而不为职工缴纳社会保险费，进而损害职工的合法权益。在这次纠纷中陈某与甲公司签订的劳务派遣合同明确指出，由派遣单位承担各类社会保险费的缴纳，虽然陈某已经过了社会保险的仲裁时效，但是为了保障职工合法权益，甲公司于情于理应该为陈某补缴这部分的社会保险费。

最后甲公司与陈某达成调解协议：文成县甲公司于2013年6月30日前为陈某补缴2012年1月1日至2013年4月30日期间的养老保险费、医疗保险费、工伤保险费、失业保险费及生育保险费（具体补缴金额由社会保险经办机构按现行补缴标准确定）。补缴总额由文成县甲公司承担70%，陈某承担30%，由文成县甲公司一并缴纳至社会保险经办机构。经过双方当事人共同申请，由文成县人民法院对文成县民商事人民调解委员会做出的人民调解协议进行司法确认。

本次纠纷产生主要的原因是，派遣公司借职工不懂法律法规，不履行协议约定内容，从而变相节省了这部分保险费的开支。而实践中由哪一方为劳务派遣人员缴纳各项社会保险，是由劳务派遣公司和实际用工单位协商确定的。但不管如何约定，劳务派遣单位或用工单位都必须为劳务派遣人员缴纳各项社会保险费，不能互相推脱，侵犯劳务派遣人员的合法权益。[①]

四、温州市劳动人事争议人民调解机制取得的成效

温州市劳动人事争议人民调解委员会自成立以来，充分发挥了人民调解的职能，对于创新完善劳动人事争议的调解机制、提高调解效能、降低劳动者维权成本、节省劳动者维权期间、保证企业正常生产秩序、促进劳动人事关系和谐稳定等方面，都起到了积极的作用。目前市、县(市、区)级劳动人事争议人民调解委员会已基本全覆盖。

2012 年，温州市本级劳动人事争议人民调解委员会共立案处理各类劳动人事争议案件 391 件，调解结案 385 件，调解率 98.47%。为劳动者获得工伤补偿 229 万余元，经济补偿 189.56 万元，追回拖欠的工资 31.77 万元，为 169 名劳动者补缴社会保险费 624 年，人均补缴 3.69 年。

2013 年，温州市本级劳动人事争议人民调解委员会共调解各类劳动人事争议案件 359 件，为劳动者获得工伤补偿 200 余万元，经济补偿 145 万元，追回拖欠的工资 71 万元，为 151 名劳动者补缴了社会保险费。

2014 年，温州市本级劳动人事争议人民调解委员会共调解各类劳动人事争议案件 443 件，为劳动者获得工伤补偿 572 万余元，经济补偿 1164 万元，追回拖欠的工资 78 万元，为 235 名劳动者补缴了社会保险费。[②]

自温州市本级劳动人事争议人民调解委员会运行以来，劳动人事争议案件的处理工作呈现“三下降，二提高，一缩短”的良好态势。即劳动人事争议仲裁委员会的压力明显下降，劳动人事信访

---

① 郑国洋:《因劳务派遣引发的纠纷》，载温州司法局编:《司法行政简报》第 2013 年第 34 期。

② 温州市劳动人事争议人民调解委员会:《构建调解机制，提升仲裁效能》。

工作的压力明显下降，市、县（市、区）两级人民法院的压力明显下降；劳动人事争议的调解率明显提高，劳动人事争议仲裁的结案率明显提高；缩短了整个劳动人事争议仲裁案件的办案期间。

相对于劳动人事争议仲裁裁决、人民法院判决是刚性处理劳动人事争议，人民调解采取的是柔性的处理模式，劳资双方在情感上更容易接受，可以有效避免矛盾激化，事态扩大化。不少的劳动人事争议在调解成功后，劳资双方达成谅解，从而巩固了劳资关系，维护了企业正常的生产经营秩序，实现了劳资双方的互利共赢。一批因劳动人事争议引发的社会不稳定因素得到了及时的发现和处置，较好地维护了社会稳定，为“保增长、保民生、保稳定”做出了积极的贡献。①

五、温州市劳动人事争议人民调解机制的经验

从温州市劳动人事争议人民调解机制取得的成效中可以总结出如下的一些经验：

首先，上级政府的关心和支持，是劳动人事争议人民调解机制得以建立、运行并取得明显成效的根本保证。建立劳动人事争议人民调解机制，是劳动人事争议处理制度的改革和创新。在改革、创新的探索中，温州市本级劳动人事争议人民调解委员会始终得到温州市委、市政府的大力支持，使其各项工作得以有序地开展。

其次，部门的密切配合，是推行劳动人事争议人民调解制度的必备基础。劳动人事争议涉及面广、法律性强、辐射关联性大。因此，部门之间的密切配合，显得尤为重要。从劳动人事争议人民调解制度的前期调查、研究、论证到组织实施，温州市综治办、司法局、人力资源和社会保障局，温州市总工会始终密切配合、协作，充分发挥各自职能优势，落实责任，加大投入，整合资源，形成协调配合、通力合作的工作新格局。温州市综治办、人力资源和社会保障

① 温州市劳动人事争议人民调解委员会 2012 年 11 月 13 日工作汇报：《构建调解机制，提升仲裁效能》。

部门统筹规划，会同司法行政部门、总工会及有关部门指导推动劳动人事争议调解和预防工作；司法行政部门对人民调解组织开展劳动人事争议调解工作进行指导；工会组织引导双方通过协商调解解决争议，维护职工利益。温州市综治、司法行政机关和人力资源和社会保障局、工会组织定期对调解的办案程序、案件质量进行检查，对发现的问题及时指正，促进劳动人事争议人民调解工作规范发展，使各项工作、各项流程得以顺畅、高效地运转，并不断地加以健全、完善。

再次，制度的科学化、规范化是劳动人事争议人民调解机制平稳有序运行的重要手段。温州市委、市政府转发的温委办发〔2011〕158号《市综治办等部门关于推行劳动人事争议人民调解工作的实施意见》的通知，从加强劳动人事争议人民调解工作的重要性和必要性、组织机构建设、适用范围和工作程序，以及工作保障等各个方面科学、规范地制定了劳动人事争议人民调解制度，使得温州市本级劳动人事争议人民调解委员会的各项工作有条不紊地开展，并取得了明显的成效。①

最后，加强人民调解员队伍建设是劳动人事争议人民调解制健康运转关键所在。温州市劳动人事争议人民调解委员会充分调动了社会资源，多渠道选聘人民调解员，充实了调解员队伍。通过劳动、人事、社会保障法律知识培训、调解方法和技巧培训、典型案例评析研讨等形式，不断提高人民调解员的调解能力以及法律素养。并且通过不断地加强对人民调解员的考核和管理，不断健全激励保障措施，建设了一支公道正派、联系群众、热心调解工作的优秀的人民调解员队伍。

① 温州市劳动人事争议人民调解委员会2012年11月13日工作汇报：《构建调解机制，提升仲裁效能》。

结 语

根据在浙江省司法厅调研所得数据，截至 2014 年底，全省人民调解组织 42731 个，同比减少 0.72%，其中行业性、专业性人民调解组织 1181 个，同比增加 9.96%(上年 1074 个)；人民调解员总数 158310，同比减少 6.79%(上年 169849 人)；全省人民调解组织调解案件 598686 件，同比增加 1.52%(上年 581675 件)，调解成功 590530 件，同比增加 1.52%，其中行业性、专业性人民调解组织调解案件 237347 件，同比增加 8.23%(上年 219302 件)；调解涉及死亡案件 4940 件，同比增加 16.02%(上年 4258 件)。从数据反应的情况看，浙江省的人民调解实践呈现出人民调解组织队伍规模总体稳中有降，行业性、专业性调解组织继续增加，调解案件总量稳中有升等特点。这与 2010 年《人民调解法》的导向是相吻合的。此外，浙江省也非常重视人民调解与其纠纷解决方式的对接实践，尽量整合各种纠纷解决方式的资源，充分发挥人民调解在纠纷解决上的优势，积极尝试多元化纠纷解决方式相互之间的配合联动，共同完成对纠纷的圆满解决，在促进社会的稳定和谐发展中发挥了不可替代的作用。由于《人民调解法》对人民调解工作的规范性提出了要求，浙江省在人民调解实践中也非常重视人民调解工作的规范开展，为此，省司法厅专门发布了《浙江省司法厅关于加强人民调解工作规范化建设的意见》，对人民调解工作规范化建设的主要内容和工作要求进行了规定，明确了各地司法行政部门在指导人民调解工作时的工作重心和内容。

通过对不同角度之下所选取的具有代表性的人民调解实践的调研所获信息的汇总和梳理，可以肯定的是，浙江省的人民调解实践总体上取得了很大的成效，体现为：已经建立起了点面结合的横向到底、纵向到边的完善的人民调解组织网络；通过开展培训、评估考核和评先评优，人民调解员的队伍素质得到了进一步提升；在组织建设、队伍建设、制度建设、业务建设、设施场所建设等方面逐渐走向了规范化。特别值得一提的是，浙江省多地结合本地实际情况所尝试的创新实践，例如义乌聘用外国国籍调解员参与调解等，成为非常引人注目的亮点，为人民调解注入了生机和活力，让人民调解这朵“东方之花”在新时期、新形势下继续绽放。

当然，也毋庸讳言，浙江省的人民调解实践仍然存在着各种问题需要进一步解决，这些问题在全国的层面上也具有一定的普遍性。例如，人民调解的公益性的运作模式使得人民调解员的队伍出现不稳定的状态，有些地方甚至后继乏人；根据各地经济发展情况政府对人民调解工作的财政支持力度不一，使得人民调解在纠纷解决上作用发挥的情况一定程度上受制于各地的财政支持情况，限制了其均衡发展；人民调解实践的开展与《人民调解法》之间存在一定的矛盾状态，从整体上看，立法对于实践的发展构成了一定的阻碍。因此，人民调解这朵“东方之花”要常开不败，还需要实践的积极探索，进行更多的制度创新，调解走职业化的发展道路也许能够从根本上解决制约人民调解在中国可持续发展中遇到的一系列问题，这注定会是一个艰难的过程，因为来自思想认识、长期固有实践的惯性影响、具体的制度设计等方面的困难是可以预见的。但是，实践的发展又往往出乎人们的预料，人民调解的明天会更好的，愿景也一定会实现的。

后　记

本书付梓之际，需要特别说明的是，从选题的审定、写作风格的确定、组织专家对本书的结构提出修改意见直至联系出版事宜，都是浙江省社科联亲力亲为的。为此，特别要向省社科联致以诚挚的谢意。

本书是编著类书籍，主要是对浙江省的人民调解实践进行汇总和梳理，因此，所涉资料绝大部分是在对浙江省人民调解实践进行调研时所获得，包括有关规范性文件、相关工作汇报和总结材料、有关案例资料、相关统计数据以及座谈记录等。没有调研单位的热情接待和毫无保留的支持与配合，本书编写所需的这部分资料是无从收集的，本书当然也就难以完成了。为此，要向调研中所涉单位相关部门的领导和工作人员以及人民调解员们致以真诚的感谢，感谢他们付出的热情和时间，更要感谢他们为人民调解事业所做的贡献！需要致谢的人包括但不限于如下一些：浙江省司法厅基层工作处宋舟雄调研员、宁波市司法局人民调解工作处牛孝辉副处长、宁波市江东区司法局杨开建局长、宁波市医疗纠纷理赔处理中心邵峰副主任、温州市司法局基层工作处黄忠义处长、金华市司法局基层工作处曹玮处长、义乌市司法局基层科余斌科长、义乌市涉外纠纷人民调解委员会陈津颜主任、绍兴市司法局基层工作处冯吉雄处长、诸暨市枫桥镇司法所王鲁佳所长、杭州市西湖区人民法院陈辽敏副院长，以及李海燕、潘明杰等人民调解员。由于篇幅所限，还有很多人的姓名没有办法在此一一罗列，但是对于他们的感激之情是没有什么区别的。此外，本书还有部分资料来源于已有研究成果，具体的引用情况已通过文中的注释予以说明。

感谢我的研究生们，他们对本书的贡献已在前言里进行了说明。

感谢浙江工商大学出版社出版本书,感谢责任编辑刘韵女士为编辑本书付出的辛劳。

当然,囿于编者的视野以及学识,本书难免在样本的选择、材料的筛选等方面以偏概全、挂一漏万,对相关实践的理解也一定存在偏差甚至是误读,这些问题都使得本书对浙江省人民调解实践情况的呈现肯定存在不准确之处,故恳请相关部门和读者进行批评指正。

作　者

2015 年 12 月